Será que sou feminista?

Alma Guillermoprieto

Será que sou feminista?

Tradução:
Eliana Aguiar

Copyright © 2020 by Alma Guillermoprieto
Copyright © 2020 by Penguin Random House Grupo Editorial, S.A.S., Bogotá
Copyright © 2020 by Penguin Random House Grupo Editorial, S.A.U., Barcelona

Grafia atualizada segundo o Acordo Ortográfico da Língua Portuguesa de 1990, que entrou em vigor no Brasil em 2009.

Título original: ¿Será que soy feminista?

Capa: Elisa von Randow

Preparação: Tamara Sender

Revisão: Jane Pessoa e Adriana Moreira Pedro

Dados Internacionais de Catalogação na Publicação (CIP)
(Câmara Brasileira do Livro, SP, Brasil)

Guillermoprieto, Alma
    Será que sou feminista? / Alma Guillermoprieto ; tradução Eliana Aguiar. — 1ª ed. — Rio de Janeiro : Zahar, 2021.

    Título original: ¿Será que soy feminista?
    ISBN 978-85-378-1911-1

    1. Feminismo 2. Feminismo – América Latina 3. Mulheres – América Latina – Condições sociais 4. Sexismo – América Latina I. Título.

20-52747   CDD-305.42

Índice para catálogo sistemático:
1. Feminismo : Sociologia 305.42

Cibele Maria Dias — Bibliotecária — CRB-8/9427

[2021]
Todos os direitos desta edição reservados à
EDITORA SCHWARCZ S.A.
Praça Floriano, 19, sala 3001 — Cinelândia
20031-050 — Rio de Janeiro — RJ
Telefone: (21) 3993-7510
www.companhiadasletras.com.br
www.blogdacompanhia.com.br
www.zahar.com.br
facebook.com/editorazahar
instagram.com/editorazahar
twitter.com/editorazahar

Para as que lutam

O ÚNICO TEXTO EXPLICITAMENTE feminista que escrevi foi publicado há mais de quarenta anos, numa revista do México, meu país. A revista se chamava *fem* e foi, ao longo de quase três décadas, o ponto de convergência de boa parte do feminismo mexicano. Meu artigo, escrito em colaboração com uma amiga, era uma denúncia apaixonada dos infames quadrinhos para homens que, na época, eram vendidos nas bancas do país, cheios de desenhos grosseiros, ilustrando fantasias recorrentes de estupro e enganação. Não era raro que as protagonistas acabassem mortas, arreganhadas no meio de uma poça de sangue, com um tiro no peito. Arreganhadas com vários ferimentos de faca. Arreganhadas depois de um suicídio com barbitúricos. Sempre arreganhadas e com a entreperna da calcinha olhando para o leitor.

Eram folhetos impressos com tinta barata em papel ordinário e alimentavam algo que parecia ser a fome insaciável de muitos homens mexicanos de ver as mulheres — sempre de carnes fartas, quase sempre desenhadas com as nádegas proeminentes voltadas para o leitor — em situações de humilhação. Havia bancas especializadas na venda de números atrasados dessas revistinhas, e mesmo nas bancas mais bem providas, que vendiam revistas de política, variedades e até literatura, elas sempre ocupavam um lugar de destaque. Eu não podia vê-las sem me sentir agredida e, sentindo-me agredida, furiosa. Desde a adolescência suportei calada a bolinação diária, as mãos na bunda, os beliscões, os assédios, as insinuações que tantos homens da Cidade do México se sentem na obrigação de propiciar às mulheres que dividem o espaço público com eles. Não tenho à mão o texto que escrevemos, minha amiga e eu, mas sei que, mais que um ensaio ou uma denúncia, era um ataque envenenado, uma espécie de vingança.

Hoje, recordando aquele texto, percebo que teria ficado melhor se eu pudesse contar com algum fundamento teórico ou histórico de feminismo para dar um pouco mais de contexto a tanta raiva. Como não tenho estudos universitários e sou muito pouco afeita ao pensamento abstrato, o que minha amiga e eu escrevemos era certamente muito ingênuo e simples. Mas era também um texto sincero. E, sim, furioso, à altura da realidade. Não sei quanto à minha amiga, mas depois de vê-lo publicado o que senti não foi tanto a alegria de uma autora estreante, mas uma certa calma, como a que uma mulher agredida talvez sinta ao esvaziar a pistola em seu agressor. Talvez tudo o que escrevi ao longo dos anos tenha alguma coisa de desafio e de vingança, não sei. Devo dizer que escrevi aquele texto não como feminista, mas como mulher ofendida. Ou será que para se reconhecer como feminista é preciso começar reconhecendo um dano pessoal próprio? Minhas leituras de teoria feminista são todas daquela época, entre os vinte e trinta anos. Mas foram poucas, na verdade, e pela razão acima: a teoria me custa muito esforço. Além de *O segundo sexo*, de Simone de Beauvoir, li os livros e artigos das autoras que causavam maior rebuliço naqueles anos iniciais daquilo que se convencionou chamar de movimento de libertação das mulheres: Andrea Dworkin, Betty Friedan, Gloria Steinem, a australiana Germaine Greer. Toda autobiografia é um romance — não podemos confiar jamais na memória —, mas me lembro de ler essas autoras como se fosse de viés, ao acaso e com um certo sentimento de culpa.

Eu vivia mergulhada na espuma da revolução socialista. Era a época das ditaduras e das guerrilhas na América Latina; a aventura e o romance da epopeia revolucionária eram o que realmente me interessava, embora, sem que isso fosse dito abertamente, a revolução fosse concebida como tarefa de homem. O feminismo estava no ar nas universidades e nos meios de comunicação, primeiro como brisa, logo como furacão, mas quem viveu essa época há de lembrar que os revolucionários desconfiavam profundamente da insurreição das mulheres, e a desaprovação deles me inibia. Ouvíamos a marcha composta por um cantor e compositor mexicano, José de Molina, que exortava: "A parir, mães latinas! A parir mais guerrilheiros!", e embora essa exaltação da mulher como máquina reprodutiva me parecesse repulsiva, só muitos anos depois fui ter a autoridade moral necessária para admitir isso a mim mesma. Na época em que a canção foi lançada, se alguma mulher protestava nos grupos de estudo contra o insidioso sexismo de nossos debates — "Companheiros, a palavra sempre é dada primeiro aos homens e nós, mulheres, somos sempre interrompidas!"; "Por que não podemos falar sobre o aborto?"; "Precisamos incluir a questão da discriminação de gênero na lista de reivindicações trabalhistas!" —, os companheiros ouviam com espírito democrático e até faziam autocrítica, mas lá pela quarta ou quinta reclamação das companheiras, lutando para esconder a irritação, eles se escudavam atrás desta contrapergunta intransponível: "Companheiras! O que é mais importante: a Revolução ou os problemas das mulheres?".

Que pergunta estúpida, não é mesmo? Pois eu a considerava com toda a seriedade.

Continuei a questionar se o erro estava no machismo deles ou em nossos desvios pequeno-burgueses, mas, enquanto isso, escritoras como Germaine Greer reiteravam que nosso corpo é um corpo encarcerado pelo patriarcado, que nosso prazer sexual é *nosso*, não deles, e os milhares de publicações feministas nessas décadas não se cansavam de repetir que discutir sobre quem deve limpar a privada ou fazer a cama é discutir sobre ordens de hierarquia e poder. Essa imensa descoberta resumiu-se numa frase tão famosa que ninguém sabe quem a escreveu pela primeira vez: *o pessoal é político*. Tornou-se uma verdade tão inegável que pouco a pouco foi penetrando até nos círculos de estudos marxistas e nas demais conversas revolucionárias.

Mas se para mim, fervorosa pró-revolucionária, parecia uma honra que um guerrilheiro desejasse ir para a cama comigo, por que discutir sobre patriarcados?

Essa era a minha relação com as teorias marxista e feminista. Como se houvesse um Papai Marx com uma esposa insubordinada e feroz chamada Mamãe Feminista. E o pobre Papai Marx balançava a cabeça com tristeza, tentando reconduzir Mamãe Feminista à razão, mas ela ria na sua cara e ia para a cama com uma qualquer, claro, pois todos sabiam que, no fundo, todas as rebeldes éramos — e aqui está o insulto — lésbicas enrustidas.

Mamãe Feminista: uma louca.

Mas eu queria que meu pai me amasse e tentava fazer com que Papai Marx não tivesse nenhum motivo de desgosto.

No entanto, desde a adolescência, cresci avessa à submissão, como os gatos à disciplina. Para desespero de meu pai e meu mesmo, eu não aceitava ordens, nem hora para chegar em casa, nem pente para ajeitar o cabelo. Ele gritava que eu era uma cabrita, indisciplinada, desobediente, igualzinha à minha mãe! E eu pensava como ficaria feliz se pudesse ser igualzinha a minhas primas e usar saltos altos, ir à manicure e arranjar um namorado com carro, em vez de andar por aí em companhia de pintores bêbados e brigões. Mas não teve jeito, segui assim por toda a vida, despenteada e atormentada por viver numa época em que não saber como ser uma mulherzinha significava ofender a ordem social.

Perceberam a contradição, companheiras? Eu era rebelde por natureza, mas não dispunha das armas para assumir a rebeldia. E, portanto, sofria.

Mal equipada para os conflitos, nunca consegui levar a bom termo o tortuoso processo de discussão numa relação amorosa. *Por que você larga sua roupa no chão? Por que sou eu quem tem que fazer o jantar? Não, a decisão do lugar onde vamos morar não é só sua. Não, você não pode ficar aí calado enquanto eu reclamo de seu silêncio.* Não estou dizendo que esses protestos me certificam como feminista. Digo simplesmente que nunca fui capaz de negociar, no terreno doméstico, os conflitos que ocorreram nas guerras de poder entre os sexos a partir do feminismo (*o pessoal é político*). Tampouco consegui sobreviver com o reduzido oxigênio emocional que o machismo permitia aos homens mexicanos da minha geração. Do jeito como sou ruim de briga, muitas vezes acabei tirando a roupa do armário às pressas, enfiando numa mala e chamando um táxi. Há casais que brigam mais e são mais felizes, porque sabem dizer o que sentem e o que querem. Nunca tive esse talento e não sei — sinceramente não sei — se essa falta é devida apenas ao condicionamento de gênero, mas que tem alguma coisa a ver, tem.

Fui feminista ou não? Sendo escritora não escrevi nenhum texto feminista, salvo aquele primeiro artigo sobre os quadrinhos. Não vou a congressos — e não importa que, em geral, não frequente reuniões políticas de nenhum outro tipo e que não seja militante de nada; importa que não participei e certamente nunca participarei de uma reunião feminista. Parei de ler sobre a opressão de gênero há décadas e, embora sempre tenha dado como certo que minhas ideias sobre o que é ser mulher coincidem perfeitamente com o feminismo, nunca declarei diante de mim mesma, e menos ainda diante dos outros, que *sou feminista*. Mas devo observar, sim, que ao longo da vida nunca dei rasteira em nenhuma colega — nem em nenhum colega — para obter uma reportagem ou entrevista, não joguei charme para conseguir favores, não usei a maquiagem como máscara para enfrentar o mundo, não casei só para não ficar sozinha, nem fugi de um desafio porque um certo trabalho ou estado civil ou esforço "não corresponde às mulheres", não me deixei vencer pelo medo de ser diferente das demais; se em meus textos a voz protagonista foi muitas vezes a das mulheres, e se me cerquei de colaboradoras e/ou colaboradores sem que nunca me ocorresse que um homem é certamente mais (ou menos) capaz para este ou aquele ofício, suponho que seja porque assimilei daquela que é verdadeiramente a maior revolução dos nossos tempos o que poderíamos chamar de *ética feminista*.

Tentarei definir essa ética mais adiante. Por ora, ainda tenho algo a esclarecer: este ensaio, este esforço para entender meu próprio pensamento, surgiu indiretamente de uma conversa pública num festival literário com uma reconhecida escritora, que é, ao mesmo tempo, uma grande impulsionadora do feminismo.

Não que isso importe agora, mas para deixar tudo claro observo que me preparei cuidadosamente para a conversa que teria com a excelente romancista: li (com alegria) as suas obras completas e pensei em perguntas que a fizessem falar de sua história, de si mesma, de seus processos de criação. Como escritora que sou, sei do íntimo sofrimento provocado por ter de enfrentar, em nossas obrigatórias entrevistas, não somente a tortura infinita das fotos, mas também as perguntas formuladas por pessoas que claramente não leram nenhum de nossos textos. De modo que li todos os seus romances, seus contos e também dois breves textos de sua autoria sobre feminismo. No dia da apresentação, fiquei sabendo que esses dois textos vendem, na América Latina e na Espanha, dez vezes mais que todos os seus romances juntos. Pensei comigo mesma: pois vamos falar de seus livros e ver se vendemos mais alguns.

A conversa provocou protestos: não contra ela, mas contra mim. Não foi inteiramente minha culpa: havia tanta gente querendo entrar no teatro que começamos com quinze minutos de atraso e, dentro da hora reservada para nós, a autora teria de fazer também uma miniconferência de vinte minutos sobre um outro autor. Como os horários dos auditórios são sempre estritos, acabamos com apenas 25 minutos para a conversa. Para completar, eu tinha um voo marcado imediatamente depois do encontro e devido ao atraso estava ficando tarde. Fato é que me criticaram por ter levado a conversa para o lado da literatura e não da situação das mulheres. Eu poderia dizer que foi falta de tempo e não uma decisão minha, mas quero botar tudo em pratos limpos: se tivesse uma hora inteira, eu teria levado a conversa para o tema do feminismo? Talvez não. Tinha muito mais interesse em perguntar à escritora sobre a relação, nos romances, de suas protagonistas com os homens, entre outras coisas. Também não tenho certeza de que a romancista preferia falar sobre feminismo: o que nós, os escritores, queremos é falar de nossos livros. Ou para ser mais precisa: o que queremos é ouvir com gosto alguém que elogia nossa obra diante de um público imenso. Isso sim é prazer — que sexo que nada!

Mas acabei fugindo do assunto só para não perder a piadinha fácil. Volto à pergunta: as feministas têm obrigação de fazer do feminismo sua preocupação prioritária? E, se não prioritária, pelo menos explícita? Creio que deve ser uma boa pergunta, mas não sei a resposta. Tenho, no entanto, algumas ideias que caberão mais adiante no tema da ética. Fato é que um importante contingente de mulheres saiu muito aborrecido comigo da entrevista e expressou sua raiva nas redes sociais. Questionavam o fato de uma senhora como eu, que não sabia nada de feminismo, ter sido escolhida para entrevistar a autora dos textos feministas que — com razão — significavam tanto para elas.

Como não participo de nenhuma rede social — deveria explicar o porquê, mas não é o momento —, não fiquei sabendo do protesto até bem depois. Foi a minha vez de ficar com raiva, mas logo me acalmei. E, quando me acalmei, comecei a me questionar. Por que falhou a minha comunicação com um grupo de mulheres cujas vidas e lutas sempre tiveram tanta importância para mim? Será que na verdade sou antifeminista?

Ora, claro que não! Mas será que sou feminista? O que quer dizer ser feminista? Como é uma feminista no mundo de hoje, em nossos países aqui do Sul, em nossa situação? Assim, ruminando a pergunta enquanto lavava a louça do café da manhã ou fazia exercício, ou assistia distraída a algum filme, comecei a pensar. E como não sei pensar sem escrever, foram saindo estas páginas, que ofereço às mulheres que eu nunca quis ofender e às outras — espero que sejam a maioria — que, sem raiva de mim, simplesmente desejam ler um texto sobre a maior revolução que ocorreu desde que, em algum passado remoto, uma metade da humanidade foi submetida pela outra metade.

1

QUANDO JOVEM, em Nova York, posei nua algumas vezes para um fotógrafo pelo valor padrão da época, sete dólares a hora, soma que me garantia as passagens da semana. As sessões no apartamento do fotógrafo, com sua mulher preparando o jantar ao lado do estúdio onde trabalhávamos, foram sempre respeitosas, num tom tradicional: o artista e sua modelo, o ofício de captar a beleza do corpo feminino, de estudar o corpo humano em movimento etc. Sempre fui insegura, cheia de pudor, e pensei que o incômodo que sentia depois das sessões de modelagem era provocado por esse pudor, e que as amigas que também complementavam seus poucos recursos posando para aulas de desenho ou fotografia certamente faziam isso de modo mais despachado e inclusive zombando. Mas percebo agora um aspecto do meu incômodo que não tinha a ver com insegurança, e sim com uma observação: por que éramos sempre nós, as mulheres, que posávamos? *Onde estavam os homens, cacete?*

Sim, eu sei: os homens também posavam, mas muito menos. Tenho de explicar a diferença? Que os homens que posavam não tinham passado a vida, ou uma adolescência mexicana como a minha, constantemente despidos pelo olhar dos homens ou ofendidos pela mão na bunda de um passante qualquer ou apavorados com a mão apressada que algum anônimo enfiava embaixo de nossa saia quando descíamos do ônibus?

Vejam esta foto tirada na Cidade do México nos anos 1950.

Na época, a imagem do grande fotógrafo Nacho López era vista como uma prova de como a beleza feminina pode ser irresistível. A modelo tinha dezessete anos quando López pediu que percorresse uma calçada da Cidade do México e foi retratando seu passeio sem que ela percebesse. A primeira coisa que me chama a atenção é como devia ser apertada a cinta que ela usava para ter uma cinturinha daquelas. Será que conseguia respirar direito? Será que todas as cantadas que ouviu eram elogiosas? Ou seriam os insultos e insinuações infames que conheço tão bem? Se cantadas e assobios fossem substituídos pela agressão física, será que, com uma cinta assim, ela teria fôlego para fugir? Será que a foto não é tão grave assim porque a mulher que caminha é defendida por sua beleza? Será que, apesar de linda, ela se sentia imperfeita e, sendo imperfeita, feia, e, sendo feia, submissa? Quando saía à rua, sentia-se assediada? Ou feliz por ser tão admirada? Afinal, em que ponto se abre o abismo entre a admiração e o assédio?

Tenho certeza das respostas? Não. Tenho certeza das perguntas.

É que as coisas mudaram muito! Graças ao feminismo, o desequilíbrio entre o poder dos homens e o poder das mulheres mudou tanto, nós aprendemos tanto, somos tão menos submissas que tudo, tudo, precisa ser examinado de novo. Desde a arte do Renascimento até os filmes mais inocentes de Marilyn Monroe.

O quadro de Guido Reni — um entre as dezenas pintadas há quase quatro séculos com o mesmo tema — pretende ilustrar

um episódio bíblico: a casta Susana descobre que está sendo espiada por dois velhos safados enquanto se banha. Sob o pretexto do tema religioso, o refinado pintor apresenta uma mulher voluptuosamente nua, e o poderoso comprador do quadro obtém a licença para, antes da invenção dos vídeos pornô, regozijar-se em seus aposentos espiando-a. Mas os velhotes iriam se contentar apenas em olhar? Aquele que faz um gesto de manter silêncio não teria antes a intenção de violentá-la? E será que o quadro não permite que o comprador também desfrute de uma bíblica e excitante fantasia de estupro?

E sobre a fotografia de Marilyn Monroe com o cantor francês Maurice Chevalier e Billy Wilder, diretor da comédia perfeita que é *Quanto mais quente melhor*: como entender a luminosa sensualidade de Monroe quando sabemos que essa mulher, esse gênio, foi explorada, passada de mão em mão, usada desde a infância? ("Passei muito tempo de joelhos", disse ela a uma amiga, referindo-se às felações forçadas que marcaram o início de sua carreira.) O que fazer com o boato que diz que os abusos foram tantos, tantas as humilhações, que a deusa do sexo não desfrutava do prazer do sexo?

E o vestido, hein? O que achamos do vestido?

Não sei o que acho do vestido, mas, entre outras coisas, descubro que gostaria de poder usá-lo e ser Marilyn. Olhar é pensar; pensar é descobrir. Fazer a revolução é mudar nossa imaginação, e o feminismo causou, afirmo novamente, a maior revolução desde o início da agricultura. Penso na Revolução Francesa, que acabou com a monarquia, os servos e o direito divino, e não é mais importante que essa revolução que, onde quer que se instaure, restitui direitos elementares a metade da humanidade. Penso na invenção de Johannes Gutenberg, a imprensa, que levou os livros e o mundo das ideias para toda a Europa e marcou o início do fim do terrível obscurantismo medieval, mas não teve mais impacto que a libertação das mulheres do peso encarcerador do matrimônio tradicional. Contemplo a obra cubista de Picasso, que durante quase um século acabou com as possibilidades da pintura figurativa, e penso que sua visão não foi tão revolucionária quanto o nosso olhar que nos força, hoje, a reavaliar cada quadro, cada escultura — para ver em quais deles não nos sentimos um pouquinho violentadas ou um pouquinho asfixiadas.

Penso às vezes nas reportagens publicadas pela revista *National Geographic* há quase um século. Elas apresentavam as mulheres do mundo "primitivo", que contemplávamos com fascinação e horror: mulheres seminuas, cobertas de tatuagens ou cicatrizes tribais, com o pescoço e os lábios deformados por ornamentos estranhos. Olho então para muitas mulheres de hoje, submetidas — voluntariamente e na maioria das vezes escondidas das demais — a um sem-fim de cirurgias nos lábios, bochechas, nariz, olhos, pescoço, nádegas e agora até na vulva, com seios impossíveis, espremidas em espartilhos que asfixiam tanto quanto o das tataravós, com o cabelo descolorido e alisado.

Fico me perguntando se, no futuro, nossos descendentes não ficarão pasmados diante da imagem que apresentamos, assim como ficávamos quando víamos as mulheres das reportagens da *National Geographic*, *freaks* inconcebíveis.

Muitas mulheres afirmam que não se submetem aos tormentos da moda para agradar aos homens, não: fazem isso porque gostam de se sentir "bonitas". Mas o que ouvi de minhas amigas foi: sem salto me sinto atarracada (em relação a quem? Por que é melhor ser alta?); sem cílios postiços tenho olhos de sapo; com a cinta a roupa cai melhor porque estou muito gorda. Eu também, claro, corro para o estojo de maquiagem para ficar "melhor". Talvez esteja escondida no estojo a voz dos homens que nesta altura dos fatos ainda dizem que as mulheres que não usam maquiagem e não pintam os cabelos são feias ou descuidadas e certamente malcomidas (ou será que nunca ouviram essa expressão tão sedutora?).

Acho que não dizem isso porque uma mulher com nádegas postiças é mais apetitosa que uma mulher não siliconada, mas porque têm medo de que a gente se liberte do olhar deles.

Nós, SERES HUMANOS, nos distinguimos dos outros mamíferos por gostarmos de adornos pessoais. Na Europa, no século XVI, eram os homens que usavam saltos altos, maquiagem e perucas. E, além disso, uma vez por ano, em todas as culturas humanas, há a explosão de um Carnaval (quase sempre na primavera), quando os homens podem se transformar em arlequins ou deuses ou mulheres; as mulheres podem ser tigres, prostitutas ou deusas, e todes se entregam à fantasia de serem *outros* com uma intensidade calorenta e alegre que permite tudo. Nesses dias carnavalescos, lantejoulas são diamantes, farrapos transformam-se no mais fino veludo, os homens caminham com os pés enfiados em sapatos de salto tão alto que parecem pernas de pau e a maquiagem dá asas não apenas à nossa beleza interior, como também a nossos monstros e medos. Mas não é dessa caravana festiva que quero tratar, e sim da obsessão de ser tão bonita quanto as outras, com ênfase no *tão*.

Para começar por um ponto qualquer, podemos falar um pouco dos tais sapatos de salto alto?

Se eu não tivesse os pés tão arrebentados, certamente estaria fazendo esse discurso do alto de uns saltos tão impossíveis quanto os de Angelina Jolie. De uns anos para cá, muitas mulheres importantes usam saltos agulha (que na realidade têm um aspecto muito agressivo) como sinal de desafio. Talvez seja por isso que me irritam tanto. Não posso usá-los, mas posso pensar neles e, ao pensar, perceber que os sapatos de salto alto não só machucam, como também deformam.

Os saltos fazem as pernas parecerem mais longas. Hoje dizemos que as pernas longas parecem elegantes. Antes, na América Latina, na França, na Itália, onde em geral não temos pernas longas, dizia-se que as mulheres com pernas muito longas eram desajeitadas e que eróticas eram as pernas carnudas. Mas nos Estados Unidos é comum que as mulheres brancas tenham pernas longas e finas, tanto que, não faz muito tempo, dizia-se de uma mulher considerada bela segundo o cânone anglo-saxão que ela era uma "rosa de haste longa". A transição das coxudas para as pernaltas marca nossa adaptação aos padrões de beleza do Estado mais poderoso do mundo. E, para compensar essa falta, usamos saltos.

Ou não será esse o verdadeiro motivo? Será que aceitamos com fervor os saltos altos não *apesar* de machucarem e deformarem, *mas exatamente por isso*? Porque o que confere essa beleza pungente às pernas sobre saltos altos é o fato de que quem os usa está sofrendo. Vejo uma funcionária de escritório, na hora do almoço, driblando os buracos e fendas das calçadas de Bogotá de salto alto, os tornozelos bambos, e sinto dor nos metatarsos.

Uma mulher com um salto de dez centímetros não só perde o equilíbrio, como tampouco pode correr para fugir de um assaltante. Uma mulher de salto está sofrendo atrofias sérias nos nervos dos pés e também, no fim do dia, estará sentindo dor. E essa dor ela oferece ao olhar do mundo ou ao caçador que ela busca em algum lugar: *veja, faço isso para você*. Essa é a sedução.

Questiono a validade de meu próprio argumento e penso: há quatrocentos anos os homens franceses da corte de Versalhes, que usavam perucas absurdas, se maquiavam e usavam saltos altos, não tinham necessidade alguma de oferecer seu sofrimento

às mulheres. Claro que não, penso comigo. Mas o rei da França, que mandou construir Versalhes e exigiu que toda a nobreza, sem exceção, fosse viver lá com ele, em seu palácio, o fez para manter todos eles sob controle, longe de conspirações e ocupados apenas em agradá-lo. Na moda não é comum que as decisões sejam tomadas com plena consciência de seus significados: Luís xiv certamente não impôs a moda das perucas e dos saltos altos como parte de um plano para controlar a nobreza. Fez isso porque ele e seus súditos acharam incrível vestir-se daquela maneira. Mas o fato é que, na corte do Rei Sol, ninguém escapava de Versalhes. A moda cavalheiresca era a perfeita tradução de sua condição: eram prisioneiros da frivolidade.

Com o capitalismo, o mercado da beleza é, na realidade, um mercado dedicado a explorar a insegurança que sentimos diante dos homens: me angustio, logo compro. Poros abertos demais? Axilas muito escuras? Vulva com cheiro de vulva? Cravos na adolescência? Rugas produzidas por anos de risadas? Estatura normal demais? Bunda grande demais? Bunda chata demais? Pele muito branca? Pele muito escura? As cirurgias, os saltos, a moderna depilação genital, as dietas martirizantes, as cintas que são um tormento: a moda, a dor e o controle andam sempre de mãos dadas.

Percebo que não consegui contribuir em nada para a solução de um terrível dilema: como conciliar o desejo de sermos mulheres fisicamente livres com o desejo de sermos desejadas.

2

LI POUCO SOBRE FEMINISMO, mas não digo isso em tom de orgulho. Sem Andrea Dworkin, Simone de Beauvoir, Germaine Greer e os inúmeros coletivos feministas que, principalmente na Inglaterra, na França, nos Estados Unidos e na Itália, debateram e escreveram para tentar definir o que é o machismo, o que é uma sociedade patriarcal, como surgiram as sociedades patriarcais e os códigos machistas e como é absolutamente inaceitável de uma perspectiva moral e prática que continuemos a viver num universo patriarcal, não estaríamos onde estamos. Na Itália, tivemos filósofas como Mariarosa Dalla Costa e grandes coletivos de mulheres que articulavam regularmente seu pensamento em publicações ultrarradicais para a época. As mulheres italianas conseguiram derrubar uma legislação que deveria ter sido abolida no século VIII (por exemplo: até 1981, em caso de estupro, não haveria crime se o estuprador casasse com a vítima). Sem as muitas feministas que reclamaram feroz, radical e sempre *exageradamente* o direito de sair na rua para trabalhar em igualdade de condições com os homens, o próprio conceito do que é ser mulher não teria mudado. Numa época que recordo muito bem, as mães aconselhavam às filhas que não deixassem seus homens abandonados, que ao sair para trabalhar não deixassem o marido sem um almocinho pronto em casa e sem os mimos e charmes que mereciam no final do dia. *Que ele te encontre sempre arrumadinha, filha.* Se as feministas não tivessem rechaçado essa visão indigna, as italianas propondo, por exemplo, que as mulheres deveriam ser remuneradas pelo trabalho que fazem em casa, não teríamos hoje tantos homens que consideram perfeitamente natural lavar sua própria roupa e encarregar-se da cozinha.

(Ainda me lembro de um namorado que tive, mais velho que eu, sedutor e mulherengo desde a adolescência, que jurou que não tinha o hábito de lavar o próprio cabelo antes de me conhecer, pois sempre tivera mulheres que faziam isso por ele, com devoção.)

Sim. Sem esse grande salto adiante que *todas* nós, mulheres, demos — impulsionadas pelas feministas que pensaram, lutaram, debateram e escreveram livros a nosso favor —, não seria possível escrever as palavras que escrevo hoje. Sem a raiva insolente de Andrea Dworkin contra os estupradores que, segundo ela, todas nós encontramos na cama, a agressão física e sexual dos maridos contra as esposas não teria deixado de ser uma coisa *natural* e legítima. Sem o livro que Simone de Beauvoir publicou em 1949, *O segundo sexo*, não teríamos entendido que a mulher que vemos no espelho é, num grau que dá até medo de encarar, uma invenção da sociedade.

Vamos nos deter um pouco em Simone de Beauvoir: *O segundo sexo* é um livro ambicioso, antiquado em muitos aspectos e de leitura muito difícil (e longa!). Mas é o segundo livro na história em que uma mulher, filósofa e pensadora, pensa a si mesma *como mulher* e tenta definir, para ela e para as outras, o que é a mulher em si. E descobre que a mulher é um ser definido pela sociedade, e uma sociedade — o patriarcado — criada pelos homens, na qual eles ocupam o lugar de hierarcas. É um livro brilhante, que abriu a porta para tudo o que aconteceu depois: ele fala da mulher vista como mito e como objeto não somente pelos homens, mas também por ela mesma; da sexualidade da mulher como fonte de atração e repulsão para os homens; do ato sexual como estupro; da psicanálise e de sua visão machista da mulher; do trabalho feminino e da desigualdade sexual; do aborto e do direito de decidir sobre o próprio corpo.

O livro começa com uma história exaustiva da mulher. É verdade que é quase exclusivamente uma história da mulher europeia: não trata da prática ainda hoje existente entre os povos muçulmanos da África subsaariana de amputação do clitóris, nem da antiga prática do *sati*, que, em algumas partes da Índia e de muitos outros países do Oriente, obrigava a viúva a lançar-se na pira funerária do marido para morrer queimada a seu lado. Tampouco descreve algo que durante um milênio foi uma tortura obrigatória para as meninas de praticamente todas as classes sociais na China: entre os cinco e os nove anos seus pés eram progressivamente dobrados por meio de amarras apertadas, até conseguirem juntar os dedos com o calcanhar, tendo como resultado os diminutos "pés de lótus", famosa obsessão erótica número um dos chineses (e de homens fetichistas do mundo inteiro que ainda hoje colecionam as minúsculas sapatilhas bordadas fabricadas para esses pés martirizados).

Por outro lado, Beauvoir enumera os séculos, os milênios de tortura institucional contra as mulheres no mundo ocidental, a começar por aquilo que se conhecia alegremente como matrimônio (com o qual em grande parte da Europa e até meados do século XIX a mulher era vítima do que se chamou de "morte legal", pois ao casar perdia, diante da lei, todos os seus direitos individuais). Beauvoir repassa a pena capital para as mulheres adúlteras, as fogueiras em que arderam tantas mulheres suspeitas de bruxaria, o confinamento perpétuo das freiras enclausuradas, a vergonha que cobria as que deixavam de ser virgens antes do casamento, os haréns cheios de mulheres aprisionadas e escravizadas, o terror que esperava (e que em certas partes do mundo ainda espera) as mulheres que foram parte compulsória de um butim de guerra... Enfim, uma história de horror e opressão que Beauvoir percorre até 1949, ano em que seu livro foi publicado.

Essa é apenas a primeira parte. Na segunda, ela fala sobretudo de sua ideia central: não sabemos como é ser mulher, pois até o dia de hoje nós mulheres temos sido pacientemente fabricadas, restrição por restrição, século a século, pela cultura patriarcal, tal como foi transmitida por nossos pais, pela escola, pelo sistema legal e pelos homens que, conforme nos ensinam, devemos *conquistar*.

Apesar de tudo o que Beauvoir pensou e entendeu acerca dessa construção social que aceitamos sob o termo "mulher" (sua frase mais conhecida reza: "Não se nasce mulher, torna-se mulher"), ela continuou a conceber-se antes de mais nada como socialista. Foi apenas em 1975 que decidiu que o socialismo não bastava para acabar com a desigualdade entre os sexos e declarou-se, pela primeira vez, feminista, entendendo que ser feminista é colocar todos os valores éticos de ponta-cabeça, inclusive os do socialismo.

Beauvoir foi uma mulher complicada, com ideias de vanguarda, às vezes surpreendentes, sobre o mundo e sobre o que é um casal (seu relacionamento aberto com o filósofo Jean-Paul

Sartre durou meio século). No entanto, abriu caminho para todas as feministas que a seguiram, que extraíram de suas ideias até mesmo os títulos de seus livros (*A mulher eunuco*, de Germaine Greer). Resumindo, a mensagem central de Beauvoir foi mais ou menos a seguinte: *os homens nos veem como objetos — de uso, de prazer, de trabalho, de reprodução. Foram eles que construíram as sociedades, e essas sociedades existem para nos moldar como objetos úteis, de tal maneira que nós também nos vejamos como objetos*. Deduz-se daí que a tarefa que ela propõe é que nos revelemos como sujeitos de nossa própria vida. Ou, se preferirmos, acrescentaria eu, que nos *inventemos* a nós mesmas, inventando-nos como seríamos se este fosse um mundo melhor. Inventando-nos para gestar um mundo melhor.

Digo também que a moldagem patriarcal é uma coisa tão difícil, tão complicada de destruir que ainda agora, nesta altura do século XXI!, quando rodopiamos obsessivamente diante do espelho é quase sempre para tentar extirpar o que nós mesmas chamamos de defeitos. Olhamos para nós mesmas como se fôssemos cercas vivas ou bonecas — objetos —, estudando-nos para ver o que é preciso podar, colar, pintar, arrancar, esticar, desinfetar, aumentar, perseguir.

E devo acrescentar que, no capitalismo atual, nós nos enxergamos com olhos adestrados pela publicidade. Ao lado da imagem do nosso rosto, do nosso corpo, aparece o fantasma das modelos, das atrizes, das misses conforme o estereótipo físico da temporada, um estereótipo desenvolvido pelas agências de publicidade para convencer também os homens de que *essa* é a mulher que dá prestígio desejar e possuir. Ao contrário do que me ensinaram, a imensa maioria dos homens é capaz de se apaixonar por mulheres que não se parecem em absoluto com modelos, misses ou atrizes. Mas ainda não consegui desaprender: quando me olho no espelho é com elas que me comparo e sempre saio perdendo, e quando acendo a luz do espelho de aumento é para ir à caça dos defeitos que posso ver ali. Não nasci com a noção de como devo ser, que aparência e que atitudes devo ter para ser mulher; como todas nós, fui aprendendo pelo caminho.

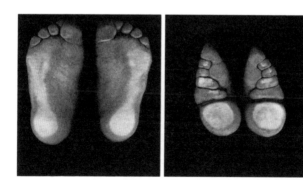

3

ESSA FOI UMA REVOLUÇÃO em câmara lenta que teve início há menos de trezentos anos. Para fixar um ponto de partida entre mil — e saltando Mary Wollstonecraft, que em 1792 publicou na Inglaterra o radical ensaio *Reivindicação dos direitos da mulher*, primeiro livro em que uma mulher olha para si mesma como mulher e escreve o que vai pensando —, poderíamos contemplar uma tarde de 1848 quando, na cidade de Seneca Falls, estado de Nova York, um grupo de mulheres se reuniu para exigir o direito de votar. Escrevo *um grupo de mulheres se reuniu* e paro para pensar o que isso significou. Mulheres reuniram-se não para criticar os maridos, não para tricotar casaquinhos de bebê ou catar arroz, nem para realizar uma cerimônia de ablação do clitóris de uma menina ou para tratar os ferimentos produzidos por chicote numa integrante insubordinada do harém. Não: um grupo de mulheres se reuniu para constituir uma organização e exigir um direito. Não preciso lembrar que naquela época o mundo inteiro pensava que nós, mulheres, não éramos suficientemente maduras, inteligentes ou ilustradas para decidir quem deveria nos governar, mas lembro assim mesmo, por via das dúvidas. E também que as mesmas pessoas que nos consideravam estúpidas ficavam incomodadas quando buscávamos algum acesso à educação e ao pensamento. "Mulher que sabe latim", rezava o provérbio, "não encontra marido nem tem um bom fim."

Pois essas mulheres reuniram-se em Nova York para exigir uma série de reformas, principalmente o direito ao voto, mas também o fim dos "abusos e usurpações" destinados a "destruir a confiança de uma mulher em seus próprios poderes, diminuir o autorrespeito e torná-la disposta a levar uma vida dependente e abjeta".*

A moção a favor do sufrágio não obteve votos suficientes, mas ao longo de 72 anos de protestos, marchas e prisões a luta continuou, repetindo-se uma e outra vez e em número cada vez maior de países. As *sufragistas* aprenderam a jogar pedras na polícia para serem presas, pois sabiam que com isso ganhariam simpatizantes. Aprenderam a gritar. Insistiram com tenacidade e, ao cabo de algo que podemos calcular como, sei lá, uns 150 mil anos — ou seriam quarenta séculos?

---

*Declaração de Seneca Falls. Disponível em: <https://es.wikipedia.org/wiki/Declaraci%C3%B3n_de_Seneca_Falls#Declaraci%C3%B3n_de_sentimientos>. Acesso em: 4 dez. 2020.

Ou seis mil anos? — nos quais as mulheres não tiveram voz pública ou livre-arbítrio, as sufragistas venceram. O direito de voto foi concedido na Austrália em 1902, na Finlândia em 1906, nos Estados Unidos em 1920, no México em 1953 e na Colômbia em 1957 (acabei de descobrir pela Wikipédia que, em Vélez, na época uma província da República de Nova Granada, o direito ao voto foi concedido em 1853 a homens *e mulheres* livres, mas logo em seguida a Suprema Corte anulou o direito de voto para as mulheres). No Brasil, as mulheres conquistaram o direito de voto em 1932, através de um decreto de Getúlio Vargas.

Penso, então, que para ser feminista é preciso ser duplamente corajosa. Corajosa para resistir à prisão, às pedradas, aos divórcios que acompanharam as mulheres que lutaram pelo direito ao voto, ao divórcio, ao aborto ou, como na Arábia

Saudita, ao direito de sair sozinha na rua — mesmo que cobertas da cabeça aos pés, sim, mas desde 2018 elas podem finalmente sair sozinhas, sem a escolta permanente e obrigatória de um marido ou parente próximo. E corajosa também para resistir ao risinho castrador de tantos homens, às piadas grosseiras e aos estereótipos com que tentavam e ainda tentam desarmar aquelas que dizem: *sou feminista*.

Volta e meia, nas reuniões sociais, surge a questão: em que época da história você gostaria de viver? Sempre respondo que em Paris ou na Cidade do México dos anos 1920 e 1930. A boemia, os pintores, a moda, os cabarés da Europa entre as duas guerras mundiais me seduzem muito. Um mundo sem o capitalismo desaforado de nossos dias; sem a devastação da natureza que promete acabar conosco e a que, mesmo assim, assistimos passivamente; um mundo sem *self-care* nem selfies nem realities, sem Facebook e sem o turismo maciço que entope as belas ruazinhas dos povoados e cidades, de Veneza a Cartagena… Sim, esse mundo me agradaria.

Mas, assim que acabo de falar, começo a mudar de ideia: Paris nos anos 1920, sim, mas com antibióticos para as infecções, chuveiros e água quente para a higiene; anestesia para o dentista e as cirurgias, mas sobretudo absorventes e tampões para a menstruação. E algo mais, algo que acelerou a velocidade da revolução das mulheres até torná-la irrefreável...

O que será?

AQUI VAI UMA PISTA:

Que personagem vocês acham que teve maior impacto na história mundial: Ernesto "Che" Guevara ou Gregory Pincus? Joaquín "Chapo" Guzmán ou George Rosenkranz? A cara de todo o mundo é de interrogação quando lanço a pergunta em alguma conversa pública: Che e Chapo são figurinhas fáceis por aqui, mas Pincus? Rosenkranz?

Gregory Pincus desenvolveu a primeira pílula anticoncepcional. Melhor dizendo, de todos os cientistas que pesquisavam essa espécie de pedra filosofal, ele foi o primeiro a obter uma fórmula química comercialmente viável para impedir a gravidez, e o primeiro a fabricar o produto. Um problema: nas versões iniciais, "a pílula" tinha uma dose de estrogênio altíssima e produziu efeitos colaterais catastróficos numa boa quantidade de mulheres. Segundo problema: como de hábito, esse pesquisador americano testou seu produto em mulheres pobres da América Latina: Porto Rico, México, Guatemala. Não é que as mulheres não soubessem do que se tratava; não só sabiam como imploravam para participar do estudo. Imagine: só ficar grávida quando quisesse! E sem que os maridos ou os padres tivessem que ficar sabendo! A questão é que nunca são as mulheres brancas, de classe média e americanas que se submetem a testes que podem ter resultados lamentáveis. Sempre são as mais vulneráveis aqui do nosso lado. De todo modo, a pílula foi um bem tão, mas tão desejado, que a curva gráfica de suas vendas parece um foguete em direção à Lua.

Mas, antes de Pincus, houve Rosenkranz, um pesquisador húngaro, judeu, que durante a Segunda Guerra Mundial conseguiu escapar do Holocausto e refugiar-se no México.

Abro aqui um extenso parêntese para denunciar a terrível doença do antissemitismo, que na América Latina infectou até aqueles que se consideram tolerantes e livres de qualquer preconceito. Entre meus amigos, os que não podem evitar esclarecer que um certo colega, colaborador ou vizinho cujo nome surgiu na conversa é judeu são em maior número que aqueles que entendem que isso é um ato de discriminação. E, apesar de ser um ato de discriminação previsto em lei nos Estados Unidos, no Brasil e na Europa, é espantoso que os meios de comunicação de nossa região identifiquem certo grupo de pessoas como "empresários judeus", "engenheiros judeus", "banqueiros judeus". (Mas nunca como feirantes judeus, camponeses ou auxiliares de escritório judeus, embora a imensa maioria dos judeus, assim como os demais seres humanos, não sejam endinheirados.)

Quando faço oficinas de jornalismo, sempre há participantes que não entendem qual é o problema em escrever "banqueiro judeu", até o momento em que exijo que identifiquem também os católicos como "dona de casa católica", "industrial católico" ou "banqueiro católico". E tampouco percebem que escrever "pesquisador de olhos azuis" ou "pesquisadora que não tem um dedo do pé", por exemplo, não é a mesma coisa que escrever "pesquisador judeu". Os primeiros são bobagens, pois a informação é irrelevante. O segundo não é apenas irrelevante: é indício de como a nossa infecção racista está introjetada. De modo que acabei de escrever "Rosenkranz, um pesquisador húngaro, judeu" não para perpetuar um crime milenar, mas para poder recordar que, entre 1942 e 1945, não menos de 5 milhões de homens, mulheres e crianças foram assassinados na Europa porque alguém, ao mencionar seus nomes, acrescentou o adjetivo "judeu".

Mas, como eu ia dizendo, Rosenkranz fugiu da Europa e acabou refugiando-se no México, onde começou a trabalhar como diretor de pesquisa de um laboratório médico nacional, Syntex. Assim como Colombo, que, buscando uma rota para a China e a Índia, topou com as ilhas Bahamas e Cuba, Rosenkranz começou pesquisando um tratamento contra infertilidade e abortos espontâneos e topou com a progesterona. Desde os anos 1940, sabia-se que a progesterona, que é um hormônio, inibia a ovulação, mas era tão cara que sua produção não era viável na prática. Nos anos 1950, outro pesquisador da Syntex começou a extrair progesterona de um inhame de aspecto estranhíssimo, *Dioscorea mexicana*, nativo do México. Logo depois, Rosenkranz chegou para se encarregar do departamento de pesquisa da companhia e, no percurso da pesquisa por uma alternativa mais econômica que a *Dioscorea*, inventou a cortisona sintética, além de patentear várias outras descobertas valiosas. Finalmente, junto com sua equipe, que incluía o jovem assistente mexicano Luis Ernesto Miramontes e o também refugiado de guerra Carl Djerassi, ele aperfeiçoou a síntese da progesterona.

Em 1951, no mesmo ano em que a progesterona foi sintetizada nos laboratórios da Syntex, Margaret Sanger, uma enfermeira incendiária e ativista de Nova York, pediu para ser apresentada ao biólogo Gregory Pincus. Assim como as sufragistas, que exigiam o direito ao voto, Sanger passou pela prisão, foi vilipendiada e perdeu fortunas antes de poder estabelecer a primeira clínica legal de planejamento familiar no Brooklyn, Nova York, em 1916. Nas clínicas de Sanger, as mulheres podiam obter informação clara e gratuita sobre métodos anticoncepcionais — ciclo ovariano, coito interrompido, diafragma, abstinência, camisinha — e adquirir os respectivos produtos. Era uma ideia tão nova e ao mesmo tempo tão ardentemente desejada que essa primeira clínica logo se transformou numa rede nacional, conhecida hoje como Planned Parenthood.

Sanger era socialista e realizou grande parte de seu trabalho nos bairros pobres de imigrantes judeus e italianos de Nova York. Viu de perto como as mulheres emendavam uma gravidez na outra, mergulhando, tanto elas quanto os maridos, no desespero e na pior pobreza. Encontrar uma maneira de as mulheres controlarem a gravidez tornou-se uma obsessão para Sanger. Tinha contra ela todas as Igrejas, todos os políticos e uma boa parte dos homens. (*Quem disse que minha mulher não vai andar por aí dormindo com quem lhe der na telha, sem carregar nenhuma marca do pecado?*) Não se sabe se a aliança de Sanger com os eugenistas foi resultado de sua busca permanente de apoio político ou se ela estava realmente convencida, como eles, de que a solução para os problemas do mundo era que só gente "bonita", "virtuosa" ou "inteligente" pudesse se reproduzir. O movimento eugenista teve grande sucesso nos Estados Unidos e em seguida, claro, na Alemanha de Hitler. Quando, depois disso, caiu no mais profundo descrédito, acabou por afetar a imagem de Sanger.

Contudo, Linda Gordon, a historiadora que revelou a relação de Sanger com os eugenistas, a defende de qualquer acusação de racismo. "Essa é uma acusação levantada pela ultradireita deste país [Estados Unidos] contra Sanger", disse-me ela quando conversamos há pouco. Personagens como Ted Cruz, senador do Texas, e outras figuras da ultradireita antiaborto e anticontrole da natalidade começaram a propagar essa mentira no começo deste século, esclareceu Gordon. "Eles, que se identificam tanto com o racismo, pretendiam dizer que os verdadeiros racistas eram os e as liberais. Disseram que Sanger era racista, e para provar isso cortaram uma foto dela e colaram numa foto da Ku Klux Klan. Simples assim." A foto circulou e a mentira acabou se transformando em verdade, o que demonstra, mais uma vez, a importância de não se acusar sem investigar.

Sanger tinha setenta anos quando procurou Pincus. Não havia abandonado sua luta para encontrar um método anticoncepcional que permitisse à mulher controlar sua fertilidade sem depender da boa vontade de um homem ou de sua própria clareza mental em meio às urgências do sexo. (Não sei se ela pensou nisso, mas são inumeráveis as mulheres que foram estupradas e que por nada neste mundo queriam ter um filho nascido daquela cópula monstruosa. A pílula e os outros métodos contraceptivos hormonais que a seguiram também oferecem proteção contra essa variante da gravidez não desejada.) Sanger tinha ouvido falar de Pincus e de seu trabalho com hormônios da fertilidade e, por meio de uma benfeitora, ofereceu-lhe financiamento a um projeto de pesquisa voltado de maneira concreta para o desenvolvimento de uma pílula anticoncepcional que fosse economicamente viável e com resultados altamente previsíveis.

A grande contribuição de Pincus para o desenvolvimento da progesterona sintética descoberta pela equipe de Rosenkranz foi perceber, graças a um acidente de laboratório, que, ao combinar a progesterona com uma porção mínima de estrogênio (estradiol), os danos colaterais da pílula diminuíam extraordinariamente. Além disso, a confiabilidade da pílula como método anticoncepcional aumentava em quase 100% — muitíssimo mais que o diafragma, a camisinha e os dispositivos intrauterinos que eram usados na época. A pílula formulada por Gregory Pincus foi colocada à venda com o nome de Enovid em 1961. E o mundo mudou.

É bem verdade que existem contraceptivos para os homens — camisinhas, vasectomia — que muitas mulheres gostariam que eles usassem (e que muitos de nossos amigos usam). Mas, sem a pílula anticoncepcional, a possibilidade de que as mulheres se integrassem em massa no mercado de trabalho, dependessem de seus próprios recursos, decidissem *sozinhas* quando ter filhos ou não tê-los nunca, escolhessem carreiras e fizessem doutorados com muito sacrifício e longos anos de dedicação, concebessem o sexo como algo mais que um vetor reprodutivo, enfim... sem a pílula o mundo moderno simplesmente não existiria, pois as mulheres modernas não poderiam ganhar forma.

Contudo, que eu saiba, não há uma estátua de Gregory Pincus em nenhum país e tampouco de Rosenkranz no México. Pincus morreu aos 64 anos, no mesmo ano em que a pílula formulada por Rosenkranz foi posta à venda. Rosenkranz teve uma vida longa e feliz, ganhou muitos prêmios e morreu em 2019, aos 103 anos, cercado de filhos e netos.

Não sei se a taxa de suicídios entre as mulheres em idade fértil diminuiu ou aumentou a partir do surgimento da pílula. Mas penso na minha vida e acho que se tivesse ficado grávida, sem a possibilidade de abortar, no fim das contas o suicídio teria sido minha única opção. A liberdade incondicional é imprescindível para mim não por ideologia; para mim é uma condição física. Muito antes de ouvir falar em direitos da mulher eu já sabia que faria qualquer coisa para não ter filhos. Mas quando cheguei à vida independente a pílula já existia. Foi a minha salvação.

Não é fácil dizer isso. Em nossos países, as mulheres que nunca brincaram de boneca na infância e nunca quiseram ter filhos na juventude não contam com a complacência pública se resolvem declarar isso. O taxista que me pergunta se já tenho netinhos e a mulher que espera comigo na antessala do consultório e pergunta se meus filhos estão no México fazem a mesma cara quando respondo que não tenho filhos. Alguns pensam "coitadinha!", outros dizem isso em voz alta, pois as mulheres que escolhem a mesma liberdade que é outorgada sem questionamentos aos homens são vistas como bruxas, freiras, frígidas, antissociais, misantropas ou simplesmente *estranhas*. Na América Latina, viver a mesma vida andarilha e feliz que os homens não é um direito aceitável, mas pelos menos, e graças à pílula, é uma realidade. Pincus merece uma estátua.

4

Penso nos
homens...

Em seus arranha-céus

suas sinfonias

suas ereções

seus

                                                            viagras.

Penso como deve ser difícil manter essa ereção metafísica 24 horas por dia, sete dias por semana, como pagamento perpétuo pelo direito de viver no mundo dos homens, e como deve ser complicado e até desalentador viver a transição em que nos encontramos. Observo que até os amigos próximos que melhor se relacionam com as mulheres ficam muitas vezes confusos, irritados, inseguros porque devem caminhar por onde antes tinha um chão e agora não tem. Constato que eles entendem que será para todos um grande alívio o dia em que nossas relações — no trabalho, no esporte, no amor e na cama — forem realmente equitativas, e que alguns até acreditam sinceramente que homens e mulheres devem dividir com absoluta equidade o trabalho de casa e a criação dos filhos. Mas a primeira mulher que tiver um companheiro que realmente faça 50% dos trabalhos da casa e saiba o que fazer com um bebê que começa a chorar às três da manhã por favor me escreva. Porque não é fácil, realmente não é fácil, para os homens e para os casais heterossexuais, viver com coerência nos tempos atuais.

Faz alguns anos, num povoado camponês tipicamente mexicano, tive uma dessas conversas confessionais que só acontecem entre estranhos, com uma mulher apenas alguns anos mais velha que eu, que chamarei aqui de Delia. (Alterei os nomes para proteger os protagonistas da história.) Seu filho mais novo foi resultado de uma típica gravidez da menopausa, dessas que chegam quando uma mulher acha que seu ciclo fértil já acabou mas os hormônios se alvoroçam uma última vez e quando menos se espera, pimba!, chega o caçula da família. No momento em que ficou sabendo, o marido de Delia berrou que o filho não podia ser dele. Vermelho de raiva e bêbado, vociferou que Delia era uma assanhada que tinha aberto as pernas para o primeiro que passou na rua, que ele ia expulsá-la de casa, mas antes ia tirar aquele filho da barriga dela a tiros. Foi até o armário, pegou a escopeta e a carregou, arrastando Delia de um lado para outro do quarto, enquanto ela, abraçada aos joelhos do marido, suplicava por sua própria vida e a do filho dos dois.

Por acaso eu conhecia o marido, um homem trabalhador e sinceramente gentil quando não bebia, mas que saía todo sábado com os amigos para beber. Bêbados, Jacinto e seus amigos podiam extravasar a raiva acumulada contra a injustiça de terem nascido camponeses num mundo que cuspia neles. Com a personalidade e a autocensura apagadas pelo álcool, Jacinto voltava para casa e descarregava sua fúria histórica em cima de Delia. Isso durou até a morte de Jacinto e não era nenhuma exceção, pois aonde quer que eu vá sempre encontro mulheres espancadas. "Minha mulher estranha quando não bato nela", me disse certa vez um sorridente músico mariachi na plaza Garibaldi. "Ela diz que não gosto mais dela."

Mas de vez em quando encontro o filho de Jacinto, que nasceu porque Delia conseguiu salvar sua própria vida e a dele, e minha sensação é de que nem tudo está perdido no México. Todo sábado, em vez de ir beber, Santiago vai passear com *seus* filhos. Não pôde estudar, mas trabalha e economiza para que seus filhos — tanto as meninas quanto os meninos — cheguem à universidade. Enquanto a geração de seu pai sacava o cinturão para educar os filhos a correadas (*Então você acha que é melhor que eu, filho de uma puta? Então quer estudar? É com este aqui que vou te ensinar!*), o sonho de Santiago é que os filhos sejam melhores, mais prósperos, mais bem-sucedidos que ele e que não tenham medo dele. E seus amigos e irmãos sonham o mesmo.

Há não mais de duas gerações, os pobres do meu país — que de modo nenhum eram exceção na América Latina — temiam ser humilhados pelos filhos que conquistassem uma prosperidade que eles haviam sido impedidos de conquistar. Não podiam se dar ao luxo de abraçar ou acarinhar os filhos, de mergulhar o nariz no pescoço gorducho de um bebê e respirar o cheirinho de leite e talco — isso era coisa de mulher. Não podiam reconhecer que tinham cometido um erro e pedir perdão por isso. Não podiam falar de seus medos nem dar qualquer mostra de fraqueza. A bebedeira agressiva, quando a língua enrolava, era fruto desse pavor. Estou me referindo aos pobres, que despejavam integralmente sobre as mulheres as grandes injustiças que sofriam (*E não é pra isso que elas estão aí?*). Mas também haveria muita coisa a dizer dos ricos. O machismo existe independentemente da estrutura de classes; manifesta-se de maneira diversa nas várias classes sociais, mas é universal.

EXISTE UM TIPO DE ATIVISTA que não consegue reconhecer nenhuma resposta positiva às reivindicações de sua luta. Acho que, no fundo, teme que qualquer melhora possa arrefecer o ardor de seu compromisso com a causa. Contei a história de Jacinto e Delia porque é importante saber reconhecer quando as coisas mudam para melhor. Eu não saberia enumerar todas as razões da mudança sísmica dos últimos vinte ou trinta anos na cultura do machismo: poderia nomear o acesso à educação para meninas e meninos, e o acesso das jovens ao controle da natalidade, evitando que sejam obrigadas, ainda adolescentes e indefesas, a aceitar um marido tão imaturo quanto elas. Também devemos levar em conta a entrada praticamente universal das mulheres no mercado de trabalho, graças à pílula, constituindo uma participação fundamental na economia familiar. É preciso reconhecer a contribuição das telenovelas, que promovem estereótipos racistas e mitos daninhos, mas também muitos valores progressistas (e nisso as telenovelas brasileiras ocupam um lugar de destaque). O resto é uma incógnita, mas é evidente que Santiago é um homem menos machista e infinitamente mais seguro de si, mais tranquilo e mais feliz que Jacinto, seu pai. A libertação da mulher implica necessariamente a libertação dos homens dos mitos e terrores — e obrigações estúpidas — que os oprimem.

Sendo assim, por que será que os homens não adotam maciçamente a condição de feministas? É sempre um mistério quando as mulheres agredidas ficam com seus agressores, quando os prisioneiros jogam fora a chave da cela, quando um homem insiste que seu valor como pessoa depende da rigidez de seu pênis, dos tragos que aguenta, das brigas que ganha ou dos mortos anotados em sua pistola. Um taxista gorducho e conversador, que me conduziu por trinta quadras de insuportável tráfego em Bogotá, teve tempo suficiente para falar dos filhos, da esposa, queixar-se do estado das ruas, da política e, ainda, da dificuldade de encontrar um espaço agradável para meditar ao ar livre nessa tumultuada cidade. Sempre que ele pensava em estacionar o carro em algum parque tranquilo, não conseguia ficar nem dois minutos com os olhos fechados, concentrando-se na respiração, sem que algum esperto tivesse a ideia de fazer piadas sobre sua masculinidade ou gritar ofensas da mesma espécie. "Ou então", disse ele, "você quer ir no carro ouvindo música baixinho, bem tranquilo, mas o passageiro reclama: 'Ah, não, essa música está muito chata! Muda de estação, cara, vê se bota uma mais pesada!'."

Primeira conclusão: é preciso ser corajoso até para as coisas que, em teoria, não exigem nenhuma coragem, como sentar num parque para meditar, porque o machismo é uma cultura baseada na vergonha de não ser suficientemente macho, de não dar conta da opressão que é necessário exercer justamente sobre as pessoas — reduzidas a seus órgãos genitais — mais desejadas que qualquer outra coisa no mundo.

E, considerando que a chacota contra quem medita, a fala aos gritos, o estupro, o assédio, as agressões, a pistola na cintura não se produzem em intenção do sexo desejado, mas visam a estabelecer uma superioridade sobre os outros homens, podemos concluir que as demonstrações de machismo também não ligam eroticamente o homem à mulher, mas sim, como diria aquela miss colombiana, o homem ao homem. As mulheres — os milhares de mulheres assassinadas a cada ano em nossa região — são vítimas de um erotismo torto, e os homens são vítimas da opressão que exercem.

Essa é uma das imagens que o fotojornalista Jesús Abad Colorado fez dos muros grafitados pelos diversos grupos armados da Colômbia. O muro com o desenho que vemos acima é da casa de Rosa Fince, uma líder indígena wayuu, assassinada por paramilitares em abril de 2004. O desenho da foto é o resumo preciso da situação das mulheres na guerra. A guerra exige que rapazinhos pacíficos — camponeses, em sua maioria —, sem experiência, sem educação nem conhecimento de si, se transformem aceleradamente em machos, e machos num nível psicótico. Machos para matar, machos para resistir ao medo de que alguém os mate. Como em nenhuma outra situação, na guerra eles têm de apresentar a performance do macho perante os outros machos como eles, alienados diante da ausência de seres que eles já não conseguem ver como pessoas e cuja falta, no entanto, sentem a ponto de chorar. Não sei, talvez as matem para deixar de sentir falta delas. Ou porque as mulheres costumam ser fontes de ternura e para fazer a guerra é preciso extirpar justamente esse impulso.

Segundo a extraordinária curadoria da exposição "A testemunha", de Jesús Abad Colorado, as guerras da Colômbia vitimaram quase 14 mil meninas, adolescentes e mulheres que sofreram violência sexual no contexto do conflito armado, de 1980 a 2017. Isso não inclui o sem-número de meninas violentadas por parentes ou pessoas próximas, de mulheres estupradas e assassinadas pelo marido, pelo chefe ou por um desconhecido, de adolescentes sequestradas para a prostituição ou vendidas pela própria família a algum explorador. Todas elas são vítimas de uma visão da sexualidade transmitida ao longo de milênios, na qual o homem é súdito de seu próprio pênis e a mulher, sua escrava e seu tormento.

O MACHISMO É UMA DOENÇA que se sofre no nível pessoal: um indivíduo deformado, deturpado pelo mal, exercendo violência contra outros seres humanos que têm um aparelho reprodutivo diverso do seu. Outra coisa é o patriarcado, um sistema completo, onipresente, inescapável no mundo inteiro, paralelo aos sistemas econômicos e de governo do mundo e a qualquer estrutura de poder, dos quais é também fundamento. Criadas pelos homens desde tempos imemoriais, as diferentes formas de patriarcado que se desenvolveram em cada cultura foram se desmantelando pouco a pouco, embora os homens do poder tratem de vedar rapidamente as frestas e reforçar os telhados quando o sistema ameaça desmoronar. Um caso: os métodos anticoncepcionais permitiram que um número cada vez maior de mulheres buscassem trabalhos que exigiam mais compromisso e responsabilidade, e o aborto legal representou o reconhecimento fundamental do direito das mulheres de governarem o próprio corpo. Contudo, vem se gestando há anos, nos Estados Unidos, um movimento de congressistas, senadores, advogados, eleitores para anular a decisão da Suprema Corte que permitiu o aborto em 1973. Estou escrevendo estas linhas sob o jugo da era Trump, na qual parece inteiramente possível que uma nova Suprema Corte, repleta de juízes conservadores, revogue essa decisão histórica, obrigando as clínicas que oferecem abortos legais a fechar.

Ao ler o parágrafo anterior, alguém poderia pensar que o movimento antiaborto é uma questão da direita, mas não: é uma questão do patriarcado, um sistema que não faz distinção entre ideologias. Em 1979, com o triunfo da revolução sandinista que acabava de derrotar o ditador Anastasio Somoza na Nicarágua, estive numa reunião social com o então subcomandante do novo exército sandinista, sua mulher, alguns sandinistas com cargos importantes, talvez a fotógrafa Margarita Montealegre e, se bem me recordo (e pode ser que recorde mal), o hoje presidente da Nicarágua, Daniel Ortega — sem a mulher, a sempre alarmante Rosario Murillo. Alguma de nós (eu? Margarita? A companheira de algum dos comandantes?) perguntou quando seria revogada a lei que, no regime de Somoza, proibia o aborto em quase todas as circunstâncias. "A proibição fica", respondeu um dos homens. *Mas como!?* "É claro!", respondeu algum outro, com aquela solenidade de ocasião que os homens adotam quando vão dizer alguma estupidez: "A Revolução não pode afastar a Igreja nesta etapa de consolidação". (*"Companheiras! O que é mais importante: a Revolução ou os problemas das mulheres?"*)

De fato, sob o sandinismo de Daniel Ortega, vigora hoje uma lei que pune com severidade o aborto em qualquer circunstância — mesmo em casos de estupro ou de risco de vida da grávida. E a relação com a Igreja católica? Péssima, os bispos opuseram-se em conjunto ao massacre de estudantes nos protestos de massa de 2018 e à sistemática violação dos direitos humanos sob o binômio Ortega/Murillo.

Não é por causa da revolução que se persegue (e com particular selvageria em El Salvador) o direito das mulheres de controlarem o próprio corpo. É porque a mulher que é dona da decisão de gestar ou de interromper a gravidez é perigosamente livre.

Isso me trouxe à memória uma velha canção de Linda Ronstadt que me fazia rir:

Well, I met a boy [...]
In Yokohama
He picked me up [...] *he threw me down*
He said, "Don't hurt me, mama".

(Conheci um homem
Em Yokohama,
Me levantou, me jogou no chão
E disse: "Não me machuque, mamãe!".)

Se nos fazem tão mal é porque têm medo de nós, coitados. Existem livros inteiros — não, bibliotecas inteiras! — investigando o porquê do imenso terror que os oprime; um terror que os fez construir civilizações inteiras milimetricamente desenhadas para que as mulheres não saiam de seu lugar, não ousem, não respirem, e para que caiam sobre elas os castigos mais aterradores caso pulem a cerca. Diz-se que esse medo é porque a pilha do clitóris não acaba nunca e a do pênis, sim; porque uma mulher pode ficar grávida de qualquer um, e é preciso estar atento para que os filhos sejam oriundos dos espermatozoides do marido e ninguém mais herde seus bens e seu nome; porque nas sociedades primitivas baseadas na caça, a maior força física dos homens permitiu que eles reclamassem maiores privilégios, enfim.

O tema é fascinante, e as pesquisas dos arqueólogos sobre o passado sempre ajudam a entender melhor o presente, mas o que me interessa é refletir sobre como são os homens hoje. Há os espancadores, os que castigam com o silêncio, os ciumentos doentios, os que estupram meninas, os que as vendem. Há também, mas não sei se ainda são maioria, aqueles que, no fundo de seu coração civilizado e cosmopolita, desconfiam terrivelmente das mulheres, olham para nossa vulva com secreto asco (*pelo menos se depilem!*), dão alfinetadas psicológicas quando estamos mais desprevenidas, destroem o ego de suas companheiras na base de pequenas desqualificações constantes e são incapazes de se abrir, mesmo durante o sexo. E ainda existem — que tristeza afirmar isso em pleno século XXI — os jovens que exigem que as namoradas abandonem os estudos, pois não podem "ser mais" que eles; os que não permitem que elas trabalhem fora para que não conheçam outros homens; os que ameaçam terminar para sempre a relação se ela cometer a "crueldade" de aceitar uma bolsa ou uma oferta de trabalho no exterior. Não é preciso espancar ou matar uma mulher para lhe fazer mal. Mas existem também, sim, os que matam, os que matam, os que matam.

Ainda assim, não podemos perder de vista os taxistas que querem meditar no parque e não entendem por que se perseguem tanto os gays, "se o amor não tem regras"; os homens que realmente *gostam* das mulheres, aqueles que nos apreciam, que se sentem tão bem em nossa companhia quanto numa reunião com amigos, talvez até melhor. E há, sobretudo, aqueles que lutam por nós.

Como, por exemplo, John Stuart Mill, filósofo liberal do século XIX que baseava suas ideias no conceito de utilidade: o que servia para aumentar o bem-estar e a felicidade da humanidade era bom, e, segundo ele, a perfeita igualdade entre homens e mulheres seria um elemento essencial da felicidade da sociedade e dos indivíduos. Stuart Mill antecipou-se a Simone de Beauvoir ao dizer que é impossível saber qual é a autêntica natureza de um ser tão reprimido pela sociedade quanto a mulher, e foi precursor das italianas que propuseram um salário para cuidar da casa. Entre os (muitos) homens que se solidarizaram com a luta das mulheres para conquistar a liberdade e a igualdade, há alguns famosos e outros que são simplesmente nossos queridos companheiros de trabalho ou de cama, mas Mill destaca-se por seus argumentos desafiantes e escandalosos para a época e — digo isso como autora — porque publicou, em 1869, o livro *A sujeição das mulheres*, no qual reconhece que as melhores ideias apresentadas ali vinham daquela que ele definiu como coautora: sua esposa, a filósofa e feminista Harriet Taylor Mill, que tinha falecido alguns anos antes.

John Stuart Mill: outra estátua.

E aqui, mesmo sem saber por que trilhas cheguei a este ponto, sinto necessidade de propor uma discussão sobre a ética feminista.

5

Não sou especialista em feminismo nem em ética e, pensando bem, nem em qualquer outra coisa, mas sempre achei que o melhor guia para a ética diz que devemos ter com os outros o mesmo comportamento que gostaríamos que tivessem conosco. E acho que, embora a ética sempre acabe pisoteada nas revoluções, talvez esta revolução possa se dar ao luxo de privilegiar a ética e o pacifismo, já que tem sido até agora incomparavelmente menos violenta que todas as anteriores.

(Respondam, então, os que se queixam: quantas demissões em massa de homens foram motivadas por atentados contra um código feminista? Quantos homens foram castrados por raivosas hordas feministas em consequência do #MeToo? Quantos julgamentos sumários e guilhotinas para os estupradores? Mas ai daquela que tiver a ideia de grafitar uma parede durante uma manifestação! Será imediatamente considerada "violenta".)

Olhando da perspectiva da história, não sofro nem um pouquinho por saber que tipos repugnantes como Harvey Weinstein vão para a cadeia por crimes de gênero ou que pervertidos como Jeffrey Epstein se suicidam — por exigência de terceiros ou por vontade própria. Pelo contrário. E se no movimento infiltram-se algumas mulheres que só querem um pretexto para berrar enfurecidas, isso acontece diariamente nas partidas de futebol (na verdade, poderíamos pensar que é para isso que servem) e, que eu saiba, nenhum homem denunciou. E se entre os montes de delinquentes e misóginos que se aproveitaram de uma adolescente bêbada ou disseram a uma virgem que era só o dedinho, mas era o pênis, ou transaram com a funcionária dizendo que se não abrisse as pernas estava despedida; se entre esses e milhões de outros homens alguma raivosa disfarçada de feminista denunciou algum inocente no #MeToo pelo puro prazer de fazer o mal, levando em conta os milênios de tormentos que as mulheres já padeceram, eu diria: bem, sinto muito...

Mas, ao mesmo tempo, não sou a História. E olhando com meus próprios olhos, da perspectiva de alguém que sonha com um mundo mais justo e tolerante, acho um desperdício que um homem — inventemos um caso — que lutou contra o apartheid, passou anos na cadeia e que num dia de alegria e descuido deu um tapinha na bunda de uma colega seja expulso de seu partido e coberto de opróbio e raiva no Facebook. Porque um tapinha na bunda não equivale a uma vida de luta, nem uma bolinação bêbada — inventemos outro caso — equivale a um livro que diz uma verdade mais profunda que alguma patética tentativa de sedução.

Não existe uma distinção absoluta entre a ética e a moral, mas para os meus fins neste caso poderíamos dizer que, diferentemente da moral, que trata de questões absolutas, a ética busca uma solução específica para casos individuais. Discuto comigo mesma o tempo todo a respeito do #MeToo, estou atenta ao mau uso que se pode fazer de um instrumento maciço como esse, mas apesar de seus perigos, sua existência e seu feito são motivos de grande alegria para mim: permitiu que milhões de mulheres, finalmente!, ganhassem coragem para denunciar ataques pelos quais antes se sentiam culpadas. Tomara que se reproduza em todos os países.

Respondo para mim mesma: *Ótimo que exista o #MeToo*, mas em seguida fico ruminando esse pedacinho de algo que ainda me preocupa, que não sei bem o que é. Lembro qual foi a minha reação inicial, a reação de muitas mulheres da minha geração: *Sim, coisas assim e até piores aconteciam comigo e eu sabia superar sem fazer tanto drama. Por que essas mocinhas de agora fazem tanto escândalo?* É mais que provável que eu ainda não me sinta no direito de denunciar o que um assédio insidioso e sistemático significou na minha vida e na das outras, admito, mas o incômodo é outro. Estou há três dias tentando resolver essa questão sem conseguir, mas esta noite — na realidade já é madrugada — creio que por fim encontrei a resposta: não me sinto totalmente à vontade com o #MeToo porque é um fenômeno das redes sociais.

Certamente existiram fenômenos maciços de contágio de ideias no século XVIII ou na Idade da Pedra, mas a multiplicação e a publicidade instantânea de *todas* as opiniões são um presente da internet. O filósofo Byung-Chul Han expressou o que penso a esse respeito muito melhor do que eu seria capaz. Falando do prazer que trabalhar em seu jardim lhe proporciona, ele diz: "[...] me devolve a realidade, inclusive a corporalidade que hoje cada vez mais se perde, num mundo digital *bem temperado*. Esse mundo digital não conhece temperatura, dor, nem corpo".* Tenho consciência de que esse mundo sem corpo permite a ocorrência de maravilhas. No universo da internet, a educação, o deleite, as portas infinitas que se abrem para nossa curiosidade estão sempre à mão. Contudo, sua natureza desnaturalizada também permite que floresçam aberrações sem fim, e em nenhum outro lugar desse espaço sem realidade que é a internet isso acontece como nas redes sociais. Sem corpo nem

---

* Byung-Chul Han, *Loa a la Tierra*. Barcelona: Herder Editorial, 2019.

voz, qualquer um é capaz de tentar ganhar realidade gritando ofensas, repetindo mentiras, canalizando ódios. Ou como observa a grande escritora Zadie Smith acerca da atual situação de desprezo pela leitura (e pela arte de ouvir, acrescentaria eu): "Já nos acostumamos a não viver a experiência privada, arriscada, da leitura, e também a encenar [on-line] nossa resposta ao que lemos".*

O *like* submete a tribo, obrigando-a a reagir sem refletir; converte uma desavença individual numa dança coletiva de ódio.

Menos mau que agora temos vozes autorizadas que explicam, aflitas, que a falta de privacidade engendrada pelas redes sociais é uma ameaça direta à democracia. Quando comecei a dizer isso, quase vinte anos atrás, uma afilhada respondeu, em tom de *"vocês, os velhos"*, que os jovens tinham uma ideia mais livre da privacidade. Hoje, ela também se preocupa com o tema da democracia e com a entrega voluntária daquilo que é sinistramente chamado de nossos "dados". Na internet, não somos nada mais que um agregado de dados que poderes invisíveis acumulam e subdividem em "mercados potenciais" de roupa, remédios para calvície, informação, ilusões e mentiras.

---

* Zadie Smith, "Fascinated to Presume: In Defense of Fiction". *The New York Review of Books*, 24 out. 2019.

Pois eu não sou dados, e, ainda que não sirva para nada, recuso-me a participar de redes sociais que — apesar de todos os seus benefícios — tornaram possível a ascensão de monstros como Donald Trump, Rodrigo Duterte e Jair Bolsonaro. Não existe um equilíbrio entre o uso das redes como ferramenta muito útil e o potencial aterrador desses demagogos para destruir o mundo. Portanto, o que continua a me preocupar no #MeToo não é o #MeToo, mas a capacidade destrutiva do Twitter, entre outras redes, e sua tendência majoritária a desaguar na desinformação e no ódio.

A criação das redes sociais é muito recente; faltam normas e controles. O próprio criador da internet, Tim Berners-Lee, agora faz campanha para tentar resgatar a rede do abismo em que caiu. O inventor do *like* declarou seu arrependimento. O criador do Facebook teve finalmente que comparecer várias vezes diante do Congresso dos Estados Unidos para explicar por que é permitido que os "murais" propaguem mentiras inventadas para desprestigiar candidatos, como os libelos russos a favor de Trump e da saída da Inglaterra da União Europeia, que circularam e continuam a circular. Com o apoio de todos, as redes sociais continuam a facilitar a destruição da privacidade e a criação de Estados totalitários. Mas vamos nos concentrar naquilo que podemos fazer hoje, limitando-nos ao tema do assédio sexual. Como podemos melhorar os mecanismos de denúncia?

No caso dos acordos de paz firmados na África do Sul e em Angola, por exemplo, cujo modelo a Colômbia tentou aproveitar, há por princípio o reconhecimento do fato de que todos temos que viver no mesmo país e partilhar o mesmo teto. Deixar todos os que participaram da violência da guerra apodrecerem na prisão sai muito mais caro para a sociedade e prolonga indefinidamente os rancores e ódios da guerra. Em casos como o da Colômbia, o número é excessivo (ainda que representem uma porcentagem mínima da sociedade) e são demasiado complicadas as causas que os levaram a pegar em armas e a matar. A punição carcerária não resolve — não *sana* — um conflito social. Existe também o princípio de legalidade: não é possível punir alguém por um ato que não era crime ou infração quando foi cometido (como jogar lixo na rua, casar-se em qualquer idade com uma menina de catorze anos ou dirigir bêbado há meio século, por exemplo). Foram elaboradas — trabalhosamente e com grandes desacordos — normas que ditam quais são os crimes que podem ser perdoados sob confissão e quais não podem. Primeira pergunta: no caso dos homens, que são a metade da população e com quem muitas de nós aspiramos viver, quais são as normas vigentes para aqueles que aprenderam com os pais que podem sussurrar frases obscenas no ouvido de adolescentes? A punição para eles deve ser igual à daquele que exige sexo oral das funcionárias que não querem perder o emprego?

O escárnio público é a punição adequada para ambos? E se for, quanto escárnio? Por quantos dias? Quem são os que devem ser presos? Deve haver um julgamento antes dos escrachos? Quando? A vítima decide? As redes? Os tribunais? A questão é que o Estado deve assumir de fato sua obrigação formal de proteger a vida e a integridade de suas cidadãs. Mas claro, se o Estado se encarregasse, o #MeToo não seria necessário. Teríamos mais denúncias se fosse outra a mentalidade das infames corporações policiais que, quando recebem uma denúncia de assédio ou estupro, afrontam a vítima com frases grotescas — *Quem manda ser tão gostosa, querida? E o que estava fazendo andando na rua a essa hora? Será que não estava procurando?*. Mas se o Estado levasse a sério sua responsabilidade de perseguir os culpados, quem garante que os julgamentos dos crimes de gênero não acabariam no mesmo abismo em que 90% de todas as denúncias judiciais se perdem em nossa região? Enquanto isso, o #MeToo realiza o trabalho que caberia ao Estado, e é preciso criar marcos de denúncia para as vítimas e sistemas de punição para os criminosos.

E já que estamos falando de vítimas: fora do marco legal, eu me nego terminantemente, e me negarei até o dia da minha morte, a me ver como vítima. Há mulheres que sobrevivem a estupros, ameaças, espancamentos e ataques a sua integridade e mulheres que sofrem danos psicológicos por bolinação ou perseguição e seguem adiante sem traumas incapacitantes ou com traumas e com coragem. Podemos usar outra palavra? Alguma, não sei qual, que em ambos os casos não nos despoje de nossa força e orgulho?

Como cheguei longe de onde queria chegar! Como eu disse, queria mostrar a brincadeira de mau gosto que o patriarcado fez conosco, ensinando-nos a vestir nossas correntes com orgulho. É espantoso constatar que o patriarcado, em qualquer uma das formas em que se manifesta, sempre encarregou as mulheres de adestrar as meninas nas tarefas da submissão. Desde o berço aprendemos a ser mais leais aos humanos que nasceram com um único gene diferente dos genes das mulheres. (Um só! Entre os 25 mil genes que cada indivíduo humano possui!) São as mulheres que realizam a ablação do clitóris das meninas e também são elas que ensinam as filhas e netas a servir primeiro aos homens e a comer de pé na cozinha. Somos nós que chamamos de "menina" a mulher adulta que nos atende em qualquer guichê e de "velha" aquela de quem não gostamos. Nem que fôssemos homens!

E se na loteria da vida nos coube uma existência de privilégios, ficamos orgulhosas por sermos escravizadas da casa--grande e não da lavoura. Estou pensando naquelas mulheres que estão perfeitamente conscientes do que os maridos fazem com as empregadas domésticas. *Ah, que aguentem um pouco, não custa nada*, dizem elas sobre as pessoas que lavam suas roupas e fazem sua comida. *Todos os homens são assim; se ficar grávida a gente dá alguma coisa a ela.*

Não sei se frases assim só são ouvidas no México. Será que a opressão de classe acompanha a discriminação de gênero em todos os lugares? A ex-escravizada Sojourner Truth, feminista, abolicionista e pacifista, fez um discurso espontâneo em 1851 no qual expressava sua dupla preocupação porque as feministas — em sua maioria mulheres de certo nível econômico — ignoravam as reivindicações das mulheres pobres e porque os abolicionistas só lutavam pelos direitos dos escravizados homens:

> Aquele homem ali diz que as mulheres precisam de ajuda para subir numa carruagem, precisam ser carregadas para transpor sarjetas e devem ocupar sempre os melhores lugares. Ninguém nunca me ajuda a subir numa carruagem, a transpor uma poça de lama, nem me dá o melhor lugar! *E por acaso não sou uma mulher?* Olhem para mim! Olhem para meu braço! Eu capinei, eu plantei, juntei palha nos celeiros, e homem nenhum conseguiu me superar! E por acaso não sou uma mulher?

O discurso é famoso e, como não existe uma versão contemporânea do que a oradora disse, tem muitas versões. Eu, como muites, prefiro esta versão, a mais poética, registrada de forma impressa doze anos depois do evento, porque nos faz lembrar que a imensa maioria das mulheres do mundo *são* Sojourner Truth.

Quando tento imaginar como seria uma ética feminista, penso sobretudo na tolerância, pois a intolerância leva ao ódio e à violência, da qual as mulheres são sempre as primeiras vítimas. Se ser feminista é não apenas ser tolerante, mas entusiasta diante da infindável diversidade das formas de ser mulher, então a batalha contra a pequena machista que quase todas carregamos dentro de nós ainda está para acontecer. Existem, hoje em dia, aproximadamente 4 bilhões de mulheres no mundo — dois cromossomos X, dois seios, um aparelho reprodutor —, e, no entanto, cada uma de nós é diferente. É natural e muito importante que existam muitos tipos de feminismo, cada escola formada pelo contexto particular de classe de suas componentes. Relendo Betty Friedan, por exemplo, que publicou *A mística feminina* em 1963, observo que para ela a opressão era algo que acontecia com as mulheres de classe média alta que adquiriam uma educação universitária somente para casar dez anos depois e viver fechadas numa casa suburbana, entediadas, esperando as crianças chegarem da escola e o marido do trabalho para perguntar "E então, o que fizeram hoje?", porque elas, enclausuradas num mundo sem desafios nem emoções, não tinham feito nada que valesse a pena contar. A opressão das mulheres americanas de classe média alta no pós-guerra parecia importante para Betty Friedan porque realmente era e porque abriu a porta para todas aquelas que hoje exigem ganhar o mesmo que os homens e ocupar os mesmos postos de trabalho e cargos executivos que eles.

Isso poderia dar a impressão de que, na América Latina, a luta das feministas urbanas de hoje para romper o chamado teto de vidro e ocupar os postos mais altos nas empresas, no governo, na cultura, nos esportes é irrelevante para milhões de mulheres que lutam pelo direito de abortar ou contar com creches gratuitas — só que não. A luta das mulheres para chegar ao poder é vital, pois abre portas e derruba muralhas para todas nós. E recordar o esforço e as cisões entre os diversos movimentos feministas dos anos 1960 e 1970 é útil exatamente por isso, porque elas lutaram entre si sem perceber que todas contribuíram igualmente. Entre elas, está a incendiária Andrea Dworkin, precursora do "Não é não" e do "O estuprador é você". É forte também a corrente das feministas lésbicas. Graças a elas pudemos começar — sublinho: *começar* — a entender a sexualidade como um leque de preferências no qual cabemos todos. Dworkin, Germaine Greer, as lésbicas e feministas da

Terceira Onda trabalharam o terreno de um feminismo de gênero, por assim dizer, focado nas estruturas de poder que surgem especificamente da relação sexual.

Há, por outro lado, um feminismo que toma consciência de si no importantíssimo tema da desigualdade salarial. Esse antigo movimento ganhou grande visibilidade recentemente graças a um contingente importante de atrizes famosas. Outras mulheres dedicam-se à luta pelo direito ao aborto. Há as que lutam contra o tráfico de mulheres e declaram-se abertamente contra a pornografia e a prostituição, argumentando que são vias de desumanização, nas quais se exploram, além disso, mulheres e meninas escravizadas ou vulneráveis. Há outras mulheres que reivindicam o direito de se excitar com pornografia, assim como qualquer homem, e pensam que se uma mulher deseja ser amarrada e chicoteada durante o sexo tem todo o direito de fazê-lo. Eu não conseguiria driblar esse tema tão cheio de labirintos, mas, sem entrar em uma discussão mais ampla, menciono simplesmente que, naquele que parece ser o maior site pornô da internet, chama a atenção a frequência com que são representadas certas fantasias: incesto, sexo de homens mais velhos com adolescentes, três, quatro ou cinco homens com uma única mulher. Todas essas cópulas são sempre filmadas do ponto de vista masculino e — sem levar em conta ainda a grande incógnita da situação trabalhista das mulheres nos vídeos — são temas que se prestam à exploração criminosa de suas protagonistas.

Assim como o patriarcado, a luta de classes está inserida em todos os fenômenos sociais, em qualquer discussão. E nesta altura eu gostaria de explicar minha peculiar posição diante do feminismo e minha dúvida sobre se sou feminista ou não: ao longo dos anos acompanhei com interesse, mas de longe, os debates da vertente intelectual do feminismo, à qual dediquei tantas páginas deste ensaio. Mas o que sempre me interessou mais foram as mulheres que lutam pela vida, literalmente, e nesse caminho descobrem a solidariedade com outras mulheres e, a partir daí, o feminismo.

6

PENSO NAS MULHERES ATIVISTAS das manifestações, com seus colares de contas e suas blusas camponesas, suas sandálias de salto baixo para resistir às intermináveis marchas, seu cabelo crespo ou com permanente para não dar muito trabalho para pentear, suas vozes, gritonas, sim, de tanto berrar para obter atenção, suas mãos de lavar louça e carregar lenha. Penso em seus filhos desaparecidos ou assassinados ou mortos em combate ou disfarçados de mortos em combate para engordar as contas de algum coronel, general ou político. Penso nas décadas passadas gastando sola em marchas, antessalas, averiguações para não ter tempo, tomara, de pensar demais no mar de ausência que invade a lembrança. Penso numa mocinha que conheci, que entrou na guerrilha porque quando subia, todos os dias, até os campos de papoulas para entregar o almoço a seu padrasto, ele a violentava; numa mulher com quem conversei, que viu o marido sendo levado sem que tivesse tempo nem de dizer adeus; em outra — que poderia ser a mesma ou milhares de outras como ela — que fazia anos procurava o filho onde quer que lhe dissessem que havia um cemitério clandestino; em Rufina Amaya, que, escondida, viu o exército oficial invadir seu distante povoado, encurralar quase mil pessoas de toda a vizinhança e eliminar uma por uma, fuzilando os homens — o marido de Rufina —, estuprando as jovens — as filhas de Rufina —, cravando as criancinhas — o bebê de Rufina — com a ponta de seus punhais ou facões antes de atear fogo em centenas de cadáveres, produtos dessa orgia. Penso nas mulheres que, nesse mesmo país, El Salvador, mandam suas filhas, suas meninas, em caravanas para os Estados Unidos para que não sejam estupradas em massa pelos delinquentes das gangues do bairro. Penso nas mulheres — venezuelanas, guatemaltecas, mexicanas — que tomam o mesmo caminho para essa fronteira tão ofendida pelo fantoche que hoje ocupa a Casa Branca e que, antes de iniciar sua odisseia, começam a tomar pílula — a pílula de Gregory Pincus — porque sabem que é quase certo que serão estupradas no meio do caminho. Penso nas mulheres desesperadas que empenham seus teares, as cadeiras de casa, o liquidificador ou o que tiverem para conseguir pagar o aluguel e não perder o dois-quartos que é a âncora da família, e na frase obscena e tão usada pelos agiotas de meu país: *Melhor me pagar com o corpo*. Penso nas mulheres esquartejadas, crivadas de balas, esfaqueadas, humilhadas, torturadas que povoam, às centenas, as páginas policiais de nossos países; os milhares de feminicídios a cada ano, e que aumentam sempre. Penso nas mulheres pobres, violentadas e aguerridas deste continente e não sei como fazem para resistir.

CONHECI MARÍA ELENA MOYANO em Lima, em 1991. O novo presidente do Peru na época, Alberto Fujimori, havia decretado uma série de medidas de austeridade econômica, chamadas em conjunto de *paquetazo* ["pacotaço"], que ameaçavam levar à desnutrição aguda a metade da população do país. Graças ao terror imposto por um estranho grupo conhecido como Sendero Luminoso, que se acreditava revolucionário, a migração do campo para a capital havia multiplicado o número de habitantes dos *"pueblos jovenes"* (malocas, subúrbios, favelas, *villas miseria*) localizados nas periferias da capital. Entre os moradores havia os deslocados do centro da cidade pela pobreza, os jovens sem educação nem emprego, os mutilados de guerra, famílias inteiras de camponeses, mulheres que só falavam quéchua e não tinham nenhum ofício que servisse para ganhar a vida numa cidade e mulheres viúvas ou abandonadas no caos da guerra e dos deslocamentos.

As novas povoações estabeleceram-se sem eletricidade nem água potável nas vastas extensões do deserto que cerca Lima.

Seus habitantes improvisaram casas com *esteritas*: esteiras de palha de dois por três metros. Os mais pobres usavam uma ou duas esteiras e quatro paus para instalar um teto. Outros conseguiam quatro esteiras e assim faziam um cubo com alguma privacidade, mas sem teto. Aos poucos, conseguiam economizar para fazer um quarto completo: quatro paredes e um teto de palha tecida. Quem chegava aos arredores de Lima não entendia aqueles montes pelados, salpicados de quadrados de esteiras sem teto, tetos de esteira sem paredes, caminhos que eram apenas rastros um pouco mais escuros que a areia, deixados pelos passos dos moradores. Uma tuberculose resistente aos antibióticos fazia estragos na população; houve surtos de outra doença, o cólera, que não era vista fazia meio século. Conversando recentemente com uma pioneira de uma dessas comunidades, relembramos como tinham sido aqueles tempos: os barracos foram instalados sobre uma área de marisma, onde a água se infiltra na areia, umedecendo-a. "No início, tínhamos que dormir no chão nessas condições", disse ela. "Às vezes chovia e eu tinha que colocar meus filhos embaixo de uma mesinha nossa para comerem sem que caísse água na sopa." Era uma pobreza completamente desprotegida, diferente daquela que eu tinha conhecido até então no restante da América Latina.

De todas as aldeias suburbanas onde se instalaram os deslocados pela pobreza ou pela violência, a maior, mais antiga e muito mais organizada era e é a Villa El Salvador. María Elena Moyano era menina quando foi morar lá com a família e ainda era adolescente quando descobriu o ativismo político. Tem gente que começa a se entender por meio do ativismo, e com Moyano foi assim. Viver no meio das pessoas, inflamá-las, enfrentar o poder do Estado e conseguir que abra as portas, não descansar, entregar conquistas, organizar pessoas a seu redor dão vida, oxigênio, sentido e identidade aos ativistas natos.

Os assentamentos de Lima conseguiram sobreviver à década de Fujimori em grande medida porque milhares de mulheres como Moyano tornaram-se ativistas: incorporaram-se ao trabalho voluntário em clínicas para a população, organizaram cozinhas populares chamadas de "panelas comunitárias" e inscreveram-se num programa copatrocinado pelo Estado e pelas mulheres participantes, chamado Vaso de Leche [copo de leite]. O programa, criado seis anos antes pelo primeiro prefeito socialista de Lima, Alfonso Barrantes, visava garantir às crianças e às mães uma quantidade suficiente de calorias diárias por meio de um café da manhã nutritivo. O *paquetazo* duplicou o número de inscritos no programa, mas o que se destaca na proposta de Barrantes é que, embora o governo fornecesse os alimentos, eram as próprias mulheres participantes que organizavam a distribuição. Isso teve consequências políticas interessantes, sobre as quais escrevi na época.

"Pensava que não era certo ser vista fora de minha casa", disse-me uma mulher chamada Matilde Valenzuela. "Mas precisávamos de uma ajudinha, de modo que comecei a cooperar com o Vaso de Leche. Servia o leite com uma mão e com a outra tapava o rosto, com vergonha. Só que fui eleita chefe de quarteirão, depois coordenadora regional do assentamento, e em seguida coordenadora-geral de nossos quarenta assentamentos. A organização deu tão certo que agora até os homens estão querendo se meter, de modo que estamos negociando: se nos deixarem entrar na deles, podemos dar uma chance. Mas isso eles não querem! Têm inveja, nos acusam de monopolizar a comida por motivos políticos... Nossos homens!"

Valenzuela falava em meio aos risos e caretas das mulheres que a ouviam. "Isso é porque eles sabem que a organização em torno da comida é importante", disse ela à guisa de conclusão. "E que eles só servem para falar." Gargalhada geral.*

O Vaso de Leche tornou-se tão importante que chamou a atenção do Sendero Luminoso, que também tinha militantes refugiados na imensa extensão da Villa El Salvador. Começou uma batalha pelo controle do território.

---

* Alma Guillermopietro, "Lima, 1991". *Al pie de un volcán te escribo*. Bogotá: Grupo Editorial Norma, 1995.

Numa manhã de setembro de 1990, depois de negociar minha passagem em várias barreiras improvisadas, controladas, acho eu, por senderistas posicionados no que seria a entrada de suas zonas de controle, encontrei María Elena Moyano numa clareira arenosa no centro da Villa El Salvador. Era espichada, pele cor de café, penteado afro, maçãs do rosto altíssimas, e estava grudada num megafone, gritando suas reivindicações para um governo que ameaçava matar de fome a metade de seus cidadãos. Ao longo de quatro décadas como repórter, entrevistei centenas, talvez até mais de mil pessoas; não sei, porque não tenho lembrança da imensa maioria. Mas de María Elena Moyano, que quase não se afastou do megafone para responder meia dúzia de perguntas minhas, eu me lembro muito bem, não só por transmitir uma visão abrangente de seus objetivos, por cada detalhe de seu físico refletir energia e força, ou por suas contribuições para o movimento de mulheres, mas também porque um ano e meio depois da minha passagem pela Villa um grupo de senderistas interceptou Moyano perto dessa mesma praça, quando voltava de um dia de praia com os dois filhos e um sobrinho. A mulher afastou para um lado os que estavam com ela, dizendo "isso é comigo", e esperou os assassinos. Foi morta a tiros por uma jovem senderista e, embora seu sobrinho implorasse chorando que não lhe fizessem mais mal, os senderistas amarraram uma banana de dinamite a seu corpo e acenderam o estopim. Moyano tinha 33 anos.

Lembro-me também de Esther Chávez, contadora pública aposentada e colunista de um jornal local em Ciudad Juárez, Chihuahua. Vivia sozinha numa linda casinha num bairro residencial dessa cidade fronteiriça que fica do outro lado do rio Bravo de El Paso, Texas. Tinha vasos cheios de plantas frondosas na entrada de casa, uma cadeira de balanço e uma poltrona na sala, onde se sentava ao final da tarde para tomar um uisquezinho, talvez dois e quem sabe, de vez em quando, três; não era para menos. Transmitia uma imperturbável tranquilidade, apesar de receber todos os dias as mais detalhadas e obscenas ameaças por telefone, em casa e no escritório da organização que havia fundado: Casa Amiga. Não era a Casa Amiga em si, que se dedicava a aconselhar e oferecer abrigo a mulheres agredidas, a causa de todas essas ameaças a Esther Chávez, mas sua obstinada insistência em contabilizar as mulheres e meninas desaparecidas ou assassinadas em Juárez desde 1993, ano em que a descoberta do corpo de uma menina de treze anos estuprada, espancada e enforcada fez com que ela começasse a contar.

Quem chegasse à casa de Esther Chávez topava com várias caixas repletas de recortes de jornais nas quais era preciso mergulhar. Aparecia a notícia sobre a menina de treze anos, surgiam outras sobre mulheres esfaqueadas e incendiadas, registros da descoberta do cadáver de uma mulher estuprada que teve os seios amputados antes de morrer. No papel amarelado, aquelas que eram apenas alguns ossos e um monte de cinzas ao lado de uma estrada voltavam a viver. Uma, e outra, e outra, horror após horror, cada vida resumida em quatro linhas nas páginas policiais dos jornais locais, até que, graças em grande parte à obstinação de Esther Chávez em continuar documentando e denunciando, o escândalo das mortas de Juárez tornou-se mundial.

Diante da insolência com que os representantes do governo de Juárez e Chihuahua rejeitavam nossos pedidos de informação, as caixas cheias de recortes de Esther Chávez foram durante muito tempo o principal material de referência que nós, repórteres, tínhamos à disposição. Graças a esse material e às listas que ela organizou a partir dele, foi possível elaborar um perfil das vítimas: adolescentes, trabalhadoras de fábricas ou armazéns, cabelo negro muito longo, olhos grandes e escuros. (Quando cheguei à casa dela, em 2003, ainda não sabia que o tipo preferido de mulher entre os narcotraficantes do estado de Sinaloa corresponde precisamente ao da maioria das jovens assassinadas. A primeira onda de feminicídios em Juárez — mais ou menos entre 1993 e 1998 — coincide quase exatamente com a estada na cidade do traficante sinaloense Amado Carrillo Fuentes, que algum puxa-saco batizou de "Senhor dos Céus", antes da morte do gângster, em 1997.)

Todos os esforços de Esther Chávez, e dos repórteres que passaram por Juárez, como eu, e de todas as organizações de apoio, nacionais e internacionais, não serviram nem para pressionar as autoridades de Juárez a investigar e buscar os verdadeiros culpados, nem para impedir que os feminicídios fossem cada vez mais numerosos em todo o país.

Eis um trecho do artigo que escrevi na época:

"Sabe de uma coisa?", disse Chávez na primeira tarde em que fui conversar com ela. "Quando comecei a procurar informação sobre esses assassinatos e descobri o modo como mataram essas meninas, passei noites sem dormir. Não conseguia parar de pensar em como devem ter sido suas últimas horas, como devem ter implorado para que a morte viesse logo."

Fez uma longa pausa e deu um gole em seu uísque antes de continuar. "Eu pensava que era só uma questão de começar a levantar informações para que as pessoas ficassem sabendo o que estava acontecendo. Pensava que isso bastaria para pôr um ponto-final nessa história. Pensava que ia acabar em poucos meses [o horror]. Já se passaram dez anos e nada mudou."*

---

* Alma Guillermoprieto, "Un centenar de mujeres". *Desde el país de nunca jamás*. Barcelona: Debate, 2011.

É isso que admiro em Esther Chávez. Por isso me lembro dela: porque suportou anos de ameaças que nunca mencionava, numa cidade em que reinava o terror contra as mulheres; porque o trabalho que fazia e que provocava tanto ódio lhe parecia inútil e porque mesmo assim ela não deixou um só dia de continuar insistindo, reivindicando, incomodando.

Esther Chávez morreu de câncer em 25 de dezembro de 2009.

Escrevo estas linhas sob o impacto do anúncio feito essa manhã pelos chefes da nova dissidência das Farc-ep (Forças Armadas Revolucionárias da Colômbia — Exército Popular). Depois de 62 anos de uma guerra inútil, de repetidas tentativas de negociar um acordo de paz entre as forças guerrilheiras e o governo, o acordo foi finalmente assinado há três anos, em 2016. Desde então o país viu as taxas de homicídios baixarem até os números dos tempos de paz, a indústria reativar-se e a Colômbia voltar a ser um país amável, conhecido por suas paisagens e seus artistas e não por seus mortos. Mas ontem uma partícula dissidente do antigo grupo guerrilheiro anunciou sua decisão de voltar às armas. No vídeo, os líderes desse retorno ao passado, em uniformes camuflados como antigamente, posam diante de uma bandeira revolucionária de antigamente. O mais velho do grupo, idoso, gordo — surdo também, pelo que se pode ver —, além de cego, é o mais armado. Posa orgulhoso com um fuzil AK-47, aparentemente sem perceber que o raivoso e guerreiro presidente que combateu as Farc, levando-as à beira da derrota, também trabalhou sem descanso, ano após ano, a favor justamente desse retorno aos velhos tempos, pois também não sabe viver sem conflito.

"Nem se dão conta de que não nos interessamos mais por essas histórias de rifles e combates", comentou meu cabeleireiro hoje de manhã, com a notícia ainda fresca. Mas no salão e, mais tarde, num restaurante cheio ao meio-dia, e num outro restaurante cheio na hora do jantar, as pessoas falavam em voz baixa e conjecturavam quanto a seu destino sob o renovado comando da violência.

Proponho outra estátua, dessa vez com múltiplas figuras: *Sobre um campo de cadáveres tombados, um guerrilheiro velho, gordo e cego, de arma em riste e pose heroica, dispara às escuras e loucamente (como, senão assim, um cego poderia disparar?). Diante dele, uma figura de caudilho de poncho aponta o céu com o dedo flamejante, enquanto, com a outra mão, distribui fuzis a um cortejo de esqueletos.*

OS HOMENS FAZEM SUAS GUERRAS — não sei, mas talvez seja porque não precisam fazer comida, cuidar dos filhos e da roupa suja quando chegam do trabalho e, portanto, têm tempo livre de sobra. Enquanto isso, as mulheres, que têm filhos, pais, companheiros mortos fazem esforços para inventar a paz. Os homens que fazem a guerra não perceberam que a guerra exige personalidades dementes, enquanto as mulheres que conseguem sobreviver ao horror não têm alternativa senão ser sensatas e entender que a história da violência é circular e que o pacifismo busca o caminho que vai para a frente. Foi o caso de Marielle Franco, vereadora do Rio de Janeiro.

Não a conheci, mas ela vinha de um universo familiar para mim: as terríveis e gloriosas favelas do Rio de Janeiro. Pobreza e luta, desemprego abismal e criatividade inesgotável, violência e Carnaval: as favelas alimentam o Rio de Janeiro com personalidade, música, mão de obra e festa, e ocupam um território muitas vezes maior que o ocupado pelo Rio turístico com que todos nós sonhamos.

O Brasil é, como todos os países onde os regimes escravocratas prosperaram, um país criminosamente racista. Assim como o antissemitismo, o racismo é uma doença que nasce da inveja, da culpa, do desejo reprimido, da fúria. É a forma como o opressor se justifica diante de si mesmo, mas até bem pouco tempo era raro encontrar um brasileiro branco que se declarasse abertamente racista. Embora pretos e pardos sejam a maioria da população no país, uma visitante recém-chegada começava simplesmente a notar que não havia pessoas negras frequentando restaurantes chiques, dirigindo seus próprios carros, professores universitários negros, médicas negras... Se ficasse um pouco mais de tempo, a superpopulação de empregadas domésticas e de desempregados negros poderia chamar sua atenção. No início do mandato do presidente Luiz Inácio Lula da Silva, eu estava dando uma palestra em Harvard sobre o Carnaval e, quando comecei a falar do racismo no Brasil, alguns brasileiros do público me interpelaram: "Alma, isso já acabou! Não há mais tanto racismo assim! Você precisa voltar ao Brasil de agora. Tem que ver!". *Uau*, pensei comigo. *Tomara que seja verdade que o vírus do racismo possa ser eliminado por decreto.*

De fato, sob o mandato de Lula e depois no governo de Dilma Rousseff — governos progressistas e comprometidos (embora também corruptos, como de praxe, para dizer a verdade) —, implementaram-se no Brasil ações afirmativas importantes para estimular a luta contra o racismo e contra as desigualdades sociais. Multiplicaram-se também os programas de política identitária para comunidades afro-brasileiras e comunidades afro-brasileiras gays, lésbicas e trans. Assim, quando voltei à cidade vinte anos depois da última estada, vi com deslumbre o desenho de uma nova mobilidade social, corporificado no aumento das presenças jovens e negras nas universidades, em uma nova geração de cientistas e doutores negros. Mas isso só queria dizer que os negros, sobretudo os dos grandes centros urbanos como São Paulo e Rio de Janeiro, puderam enfim desfrutar de condições que permitiam que alguns ocupassem o lugar que realmente lhes correspondia na sociedade. Não significou em absoluto o fim da pobreza e do racismo: quem assistir ao excelente documentário *Democracia em vertigem* verá como era articulado o plano "anticorrupção" para derrubar o governo de uma mulher incorrupta, Dilma Rousseff, e acabar com seu padrinho político, Lula, preso logo depois. Com um discurso ofensivamente antiecológico, antiesquerda e sobretudo racista, homofóbico e anti-indígena, uma nova ultradireita explorou todos os temores de classe e o velado racismo da nação, levando à presidência um ex-capitão do Exército, Jair Bolsonaro, demagogo e ignorante como poucos.

"Nunca vi japonês pedindo esmola", disse o cretino. "É uma raça que tem vergonha na cara." E como essa afirmação desavergonhada existem centenas, mais de uma por dia: "Quilombolas é outra brincadeira. Eu fui num quilombola [sic] em Eldorado Paulista. Olha, o afrodescendente mais leve lá pesava sete arrobas. Não fazem nada! Acho que nem para procriador eles servem mais".

Achei necessário começar a falar de Marielle Franco inserindo-a no contexto do racismo em seu país, pois o seu assassinato, em março de 2018, até hoje nunca esclarecido, foi parte de uma onda de ódio que acompanhou o surgimento de Bolsonaro, eleito por uma cômoda maioria em outubro daquele mesmo ano e presidente desde janeiro de 2019.

Não a conheci e não sei se Marielle Franco se considerava parte da cultura carnavalesca, mas para mim é fácil pensar que sim. Mulher bonita, com cara de leoa e uma cabeleira correspondente, brincava com os diversos estilos de penteado afro, tentava criar no plenário novos códigos com vestidos que refletiam a herança de sua cultura, tinha em seu passado toda uma adolescência dançando funk. Como o Carnaval, desfrutava da liberdade dos transformistas; sua orientação sexual pôde abarcar com tranquilidade um casamento precoce com o namorado da juventude (do qual nasceu sua única filha) e uma relação de treze anos com a mulher com quem ia se casar formalmente no ano em que a mataram. Favelada orgulhosa, nasceu no Complexo da Maré, um conjunto de dezesseis favelas onde vive uma população de cerca de 140 mil habitantes, em uma área de 4,5 quilômetros de extensão. Suas moradias precárias emolduram a paisagem de qualquer viajante vindo do aeroporto internacional do Galeão, tanto é que as autoridades municipais mandaram cobrir toda aquela pobreza com um pudico muro antes das Olimpíadas de 2016.

Começou sua vida de trabalho aos onze anos como vendedora ambulante, ao lado dos pais, e terminou como intelectual socialista, graduada em sociologia, ativista comprometida e representante das negras, dos favelados, das mulheres, dos LGBT e dos militantes dos direitos humanos. Quando a mataram, despontava em uma carreira política que prometia muito: poucos meses após ter sido assassinada, cinco dos cerca de quinze projetos de lei apresentados por ela durante seus catorze meses de mandato na Câmara Municipal do Rio foram aprovados. Assim como o Carnaval, ela tinha uma capacidade notável de abranger e incorporar o passado e o novo, o trivial e o grandioso. Não sei se era reflexiva e séria na vida pessoal, mas em suas entrevistas parece sê-lo. No entanto, ela projetava nas manifestações uma enorme energia vital e alegria na luta, como quem desfila no sambódromo.

Não quero exagerar esse paralelo entre a vida de Marielle e o Carnaval, mas está em sua própria essência. Não é à toa que, no ano seguinte à sua morte, uma das organizações carnavalescas mais tradicionais do Rio de Janeiro, a bem-amada Escola de Samba Estação Primeira de Mangueira, incluiu o nome de Marielle na letra de seu samba-enredo campeão e dedicou uma ala à exaltação de sua figura.

Marielle morreu em março de 2018, quando voltava de um evento em que debatia com jovens negras. Em meados desse mesmo ano, a Mangueira já tinha escolhido seu enredo: uma revisão da história que se aprende nos livros. No primeiro carro alegórico do desfile, os retratos de museu dos condes, vice-reis e duquesas da história oficial eram suplantados por negros com lanças e indígenas de zarabatana, formando a comissão de frente que liderou um desfile dedicado aos conhecidos e anônimos construtores do verdadeiro Brasil — indígenas, escravizados, favelados. Neste último contingente, vinham os ativistas dos movimentos populares do Rio de Janeiro, usando trajes bem simples nas gloriosas cores da Mangueira: verde e rosa. Nas bandeiras enormes que eles agitavam, o rosto de Marielle, e na camiseta de sua companheira, palavras de ordem: *Lute como Marielle*.

Antes mesmo de sua eleição como vereadora, Marielle coordenou a Comissão de Direitos Humanos da Assembleia Legislativa do Estado do Rio de Janeiro. Já na Câmara Municipal, foi presidente da Comissão de Defesa dos Direitos da Mulher. Autodeclarada feminista, sua principal militância era pela inclusão racial e de gênero. Relatora da comissão que fiscalizava a atuação da intervenção federal nas favelas do Rio, Marielle vinha denunciando casos de violência do 41º Batalhão da PM, mais conhecido como Batalhão da Morte e responsável por uma alta porcentagem dos assassinatos nos bairros periféricos do Rio de Janeiro em que atua (como em muitos de nossos países, quem vive nas áreas marginais deve tratar de correr quando vê um policial se aproximando). Embora Marielle militasse *contra* muitos dos abusos das forças do governo, sua maior atividade era *a favor*. Por exemplo: criou um projeto de lei estabelecendo um programa de creches noturnas para atender demandas de famílias que trabalham no turno da noite; promoveu um "Dossiê da Mulher Carioca" para unificar os dados sobre a situação das mulheres que procuram os vários serviços de atendimento da prefeitura do Rio. Então, por que, em 14 de março de 2018, atiradores seguiram o carro em que estavam Marielle e uma assessora, emparelharam os veículos num sinal de trânsito e atiraram contra a vereadora, vitimando também o motorista, Anderson Gomes?

Às vésperas do crime completar um ano, dois ex-policiais militares foram presos e acusados pela execução do crime. As investigações seguem algumas linhas, que apontam inclusive ligações com o Escritório do Crime, um sofisticado grupo de extermínio que faz serviços para milicianos e contraventores, respingando nas estruturas relacionadas com os filhos do presidente Bolsonaro. Em todo caso, a pergunta "Quem mandou matar Marielle?" continua em aberto, e as motivações alegadas pelo atirador — repulsa às causas pelas quais ela lutava — não parecem ser suficientes. Sua morte ainda sem respostas é outro escândalo da democracia brasileira.

Marielle morreu por ser quem era: negra, lésbica, mulher e insubmissa. Se fosse casada com um homem e talvez um pouco mais branca... Se tivesse pedido permissão antes de protestar...

MARIELLE FRANCO; ESTHER CHÁVEZ; María Elena Moyano; a juíza Mariela Espinosa, de Medellín, Colômbia, assassinada pelo narcotráfico por se atrever a julgar o narcotráfico; as mulheres maias do território zapatista do estado de Chiapas, México... São milhares de mulheres heroicas, anônimas ou reconhecidas, forjadas duramente na prática, nas emergências e na reação à dor mais extrema. E, como complicação adicional, enfrentam também o machismo narcotraficante, paramilitar, pistoleiro, militar e o patriarcado que reprime todas as tentativas de qualquer grupo marginal (trans, mulheres, camponeses, camponesas) de penetrar com voz e voto no círculo fechado da sociedade que conta. Muitas nunca disseram *sou feminista*, embora nos lembremos delas assim. Na maioria das vezes, as mulheres não vão às ruas em defesa de seus próprios direitos, mas antes em defesa da democracia, do meio ambiente, dos deslocados, das mulheres que sofrem violência ou dos homens com os quais partilharam sua vida — inclusive quando foram agressores ou ciumentos ou irresponsáveis —

e que agora se encontram mortos ou desaparecidos. São mulheres que se formam na contingência dos deslocamentos e dos massacres; que chegam por essa via à consciência de si mesmas como mulheres e, por extensão, como feministas; que não tiveram uma pausa para elaborar uma teoria de luta, mas que, mesmo assim, sempre conseguiram estar na vanguarda dos temas mais urgentes deste mundo que hoje corre o risco de se apagar. Para dar um exemplo: estou convencida de que os estudiosos do meio ambiente têm razão, que a maior ameaça que temos hoje é a extinção, se não da espécie humana, pelo menos da sociedade tal como, mal e porcamente, nós a construímos através dos séculos. Berta Cáceres, indígena hondurenha, lutou em defesa dos outrora imensos bosques nativos de seu país, do povo lenca ao qual pertencia e contra uma represa que causaria danos irremediáveis a um rio que passava pelo território lenca. Foi assassinada por ordem da companhia que construía a represa.

Com o capitalismo tardio do hiperconsumo chegamos a um beco que pode não ter saída: devido à aceleração das mudanças climáticas, é mais que possível que as crianças de hoje acabem vivendo num mundo onde a sobrevivência e a luta pela água sejam a única coisa que importa. É o que os cientistas e os órgãos internacionais que monitoram as mudanças no clima advertem cada vez com maior urgência.

Diante disso, é possível ser exclusiva ou prioritariamente feminista? *O que é mais importante, companheiras: o fim do mundo ou os problemas das mulheres?* Pois nesse caso, meu Deus, não tenho ideia da resposta. Poderia ir pelo caminho fácil e dizer que sem a revolução das mulheres não haverá solução para a crise ecológica, mas não tenho certeza se é assim. Olhem para mim, outra vez mordendo o lápis, digitando e apagando o que aparece na tela, já cansada de tanto pensar inutilmente. Não sei. Só posso adiantar aquilo que no momento me parece que talvez seja verdade: podemos ser mulheres atuando enquanto tais dentro do mundo, e isso é bom. Cabe às mulheres lutar para ocupar posições de poder e liderança nos movimentos populares. Só assim será possível participar em condições de igualdade da construção de um mundo novo que possa encontrar o equilíbrio entre tecnologia e natureza; entre homens, mulheres, transexuais e alternativos de todo tipo; entre consumo e poupança, longevidade e juventude, sabedoria e renovação. Creio — é uma opinião — que com um mundo assim, tolerante e pacífico, poderíamos chegar a um futuro para todos.

Volto, então, à minha pergunta inicial: será que é possível ser feminista sem ser ativista? E será que é possível ser ativista e feminista sem ser ativista do feminismo? Ou seja, o feminismo é uma forma de ver o mundo, uma prática cotidiana ou uma militância? Ou pode ser qualquer uma das três coisas? E uma mulher que partilha alguns mas não todos os ideais e as ideias de um grupo militante é traidora? Ou a tolerância é válida?

Estou dando uma trapaceada com esta última pergunta, pois acho que ficou bem claro que considero a tolerância um valor imprescindível no interior dos movimentos sociais. Lembro-me de Miguel d'Escoto, padre nicaraguense e militante da Frente Sandinista de Libertação Nacional, que, depois da queda do ditador Anastasio Somoza, foi ministro das Relações Exteriores do governo sandinista. Ele tinha senso de humor, o que é sempre louvável num militante, e costumava brincar dizendo que a Igreja católica precisava trazer para a esquerda revolucionária a sua grande experiência com o sectarismo.

Faço esta observação para avisar de um grande perigo.

Quanto ao restante, é estranho levantar o tema do feminismo neste ponto da trajetória humana. Por um lado é uma revolução inadiável, mas por outro é muito possível que seu momento tenha passado. Estamos diante de uma crise, a do meio ambiente, que pode nos levar ao fim dos tempos, e, simultaneamente, diante de outra revolução que aponta diretamente para o futuro, a da tecnologia e da inteligência artificial. Hoje em dia, já é possível prescindir dos homens para garantir a continuação da espécie: temos o sêmen congelado e a inseminação artificial. Mas é muito provável que amanhã seja possível prescindir das mulheres também. Falta pouco para que a tecnologia que permita levar um embrião a termo completamente fora do útero humano se torne realidade (assim como a possibilidade de implantar um útero num homem que deseje viver a experiência de gestar). E, a crer nos artesãos que trabalham aceleradamente no desenvolvimento da inteligência artificial, falta pouco para que seres humanos de carne e osso deixem de ser indispensáveis. Teremos criado — se não conseguirmos acabar com o planeta antes — inteligências ambulantes inteiramente artificiais e supostamente imortais, que nos suplantarão por completo. Há quem contemple esse futuro com emoção.

Sempre que posso, sento-me em meu jardim para ver crescerem o limoeiro e as begônias e contemplar as formigas andando aceleradamente a meus pés, tão seguras de para onde vão, tão obsessivas e implacáveis, tão infinitesimais. Meu jardim, verde, fresco e silencioso, é para elas o universo. Em certas épocas, devoram-no: um freixo imenso e de folhagem rumorosa ao entardecer pode amanhecer sem uma única folha. Uma velha tumbérgia de flores roxas, que era meu deleite, desapareceu para sempre em questão de dias, consumida desde a raiz. As formigas trabalham e trabalham e não sabem nem para quê. Vejo a mim mesma como elas, menos que um átomo numa galáxia, e tento entender qual é meu papel, como é que ao mesmo tempo lutamos para que parem de matar crianças negras nas favelas, e para termos cuidados médicos de igual qualidade para mulheres ricas e pobres que desejem abortar, e nos encontramos às portas de uma possível transformação como espécie — de seres pesados, cheios de ossos, sangue, dentes, fezes, sonhos e pranto em seres imateriais que residem em máquinas. Leio os artigos sobre o incêndio na Amazônia propiciado pelo presidente do Brasil, Jair Messias Bolsonaro — pois esse é o nome completo do personagem, *Messias* —, e não sei se estou chorando de medo ou de dor.

Olho as formigas, penso essas coisas, tenho engulhos e busco refúgio nas palavras, armando numa tela o quebra-cabeça de meu pensamento. Quem viu ou leu a série de Harry Potter? Lembram que, quando o professor Dumbledore fica particularmente perturbado ou confuso, ele vai para o seu gabinete, puxa com a varinha mágica o fio prateado de seus pensamentos enredados e o mergulha numa espécie de fonte encantada, o *pensieve*, onde pode ver com distanciamento e clareza as coisas que o preocupam?

Para mim, a escrita é isso. Quando consigo elucidar em algumas páginas as causas de um ataque de pânico irracional e transformá-lo, por fim, em medo de coisas concretas, isso me tranquiliza, pois ao menos sei onde estou pisando. Sou escritora e sou testemunha do meu tempo. Esse é o papel que me coube. Não tenho espírito de militante, nem quero isso, mas posso, pelo menos, clarear meu pensamento e fazer um esforço para que meus passos me levem por um bom caminho. Porque tenho também muito respeito por Doc Brown, que, no velho filme *De volta para o futuro*, precisa convencer o protagonista adolescente de uma teoria aparentemente fantasiosa: *é possível mudar o futuro a partir do presente*. Nem todos podemos ou devemos dar passos heroicos. Nem é próprio de humanos ser inflexíveis e infalivelmente coerentes em relação às nossas crenças, mas talvez possamos tentar ajudar aquelas pessoas que têm fogo suficiente para ser heroicas. Ou para ser, entre todas, heroínas.

OUTRO DIA eu estava dando uma volta num parque que talvez seja meu lugar predileto em toda a turbulenta Cidade do México: um parque ao lado do qual passei a maior parte dos anos de minha vida e que, apesar de hoje estar desastrosamente na moda, continua a ser, nos dias de semana, um lugar aprazível e bonito. Um sol sorridente filtrava sua luz através das árvores, a água cantava nas fontes e os autodenominados *hipsters* da área passeavam com seus obrigatórios vira-latas. Um rapazinho que não tinha mais de vinte anos caminhava pelo parque com seu cão, vestindo uma camisa muito usada e desbotada. Achei inacreditável o desenho em suas costas: o tronco de uma mulher nua, sem pernas nem braços e cortado transversalmente na altura dos ombros, de modo que o tronco sem cabeça exibia o suposto interior do corpo, que tinha o formato de um filé.

Aproximei-me do rapaz e pedi que se virasse para eu ver melhor a figura. Perguntei se acreditava mesmo que nós mulheres não temos cabeça e que não há nada de mau em nos desenhar como se fôssemos um pedaço de carne. Depois dessa bronca — eu, que sou tão calma — me afastei um pouco preocupada comigo mesma: será que estou me transformando numa dessas velhinhas que passam o tempo reclamando de todo mundo e distribuindo guarda-chuvadas a torto e a direito?

Ou será que sou feminista?

Postscriptum

QUEM PENSA QUE PARTE da motivação deste texto é prestar homenagem às mulheres que tornaram possível chegarmos aonde estamos hoje, tem toda a razão. Outra motivação é constatar que, diante da imensa tarefa que as mulheres enfrentam hoje — mudar o mundo —, existem antecedentes: o mundo já mudou. As mulheres já mudaram o mundo. Chegou a hora do próximo capítulo, mas é preciso ter pressa, pois já não resta muito tempo.

Créditos das imagens

p. 20
© Nacho López (1953). Fotografia da série "Cuando una mujer guapa parte plaza por Madero" [Quando uma mulher bonita caminha pela av. Madero]. Extraída do livro *Nacho López: Fotógrafo de México. Homenaje*, José Antonio Rodríguez e Alberto Tovalín Ahumada et al. Cidade do México, 2016. Museu Palacio de Bellas Artes.

p. 22
Guido Reni (c. 1620-5) *Susana e os anciãos*. © Auckland Art Gallery.

p. 23
© PictureLux/ The Hollywood Archive/ Alamy/ Fotoarena (1958). Billy Wilder, Marilyn Monroe e Maurice Chevalier no set do filme *Quanto mais quente melhor*.

p. 28
La mode sous Louis XIV (c. 1870-1900). Digital Commonwealth Massachusetts Collections Online.

p. 37
© Pan, Yi & Qin, Ling & Xu, Mian & He, Yin & Bao, Juan &Guo, Xian & Shu (2013). Foto de um estudo sobre a massa óssea de mu-

lheres chinesas de idade avançada que tiveram os pés amarrados, *International Journal of Endocrinology*.

p. 41
© Manuel H. Rodríguez (1957). O voto feminino na Colômbia.

p. 51
© Penguin Random House Grupo Editorial (2019). Colagem com retrato de Gregory Pincus, cortesia da National Library of Medicine. Outras imagens de Getty Images.

p. 54
Arranha-céus: © andersphoto/ Shutterstock; maestro de orquestra: © Guryanov Andrey/ Shutterstock; ilustração de Penguin Random House (2019).

p. 62
© Jesús Abad Colorado (2010). Foto tirada na casa de Rosa Fince, uma das líderes wayuu assassinada por paramilitares em abril de 2004.

p. 69
© Penguin Random House Grupo Editorial (2019). Colagem com retrato de John Stuart Mill. Imagens de Getty Images e de Wikimedia Commons.